Osez !

Magali Berdah

Osez !

Vous réussirez

Flammarion

82, rue Saint-Lazare
CS 10124
75009 Paris

ISBN : 978-2-0802-6729-0

1

Oser se lancer

Oser : avoir de l'audace, du courage.

Oser foncer. Mais d'abord, oser s'aimer. Cultiver la confiance en soi…

Ce verbe, « oser », revêt un sens particulier pour chacun d'entre nous. Sa signification intime dépend tellement de ce que nous, humains, sommes. De nos valeurs. De notre passé, de nos souvenirs, de nos blessures, de nos joies, de nos envols. De notre confiance en la vie et en nous-mêmes. De notre goût du risque. De ce que nous sommes prêts à sacrifier.

Pour moi, oser signifie : s'engager, braver, entreprendre. S'élancer, sans savoir forcément dans quelles traverses le chemin emprunté mènera…

J'ajouterai qu'en vieillissant (quarante ans !), j'ai bien sûr gagné en connaissance de moi-même, j'ai mûri et appris de mes échecs comme de mes réussites. Aujourd'hui, donc, je peux dire que je suis quelqu'un qui ne s'avoue pas facilement vaincu, qui ne se laisse pas abattre, qui tente, qui prend des risques : qui ose. J'ose, car je sais que je suis capable d'aller jusqu'au bout, mais aussi parce que j'ai appris à bifurquer, à changer de route et de stratégie au moment adéquat si cela s'avère nécessaire. Et ça, c'est l'expérience, la vie qui me l'ont appris, parfois durement.

Pour oser, il faut d'abord avoir un mental solide, que l'on obtient en développant la confiance en soi. Or, cette confiance, c'est dès l'enfance que nous apprenons à la cultiver… ou pas.

Comme je l'ai déjà raconté, mon passé familial est compliqué. Mes parents ont eu deux enfants, mon frère Sébastien de trois ans mon aîné, et moi. Deux enfants, donc, mais ils n'ont pourtant jamais su fonder une vraie famille.

Je suis née à Lyon. Lorsque j'ai eu trois ans, mes parents ont divorcé : mon père a quitté ma mère pour sa meilleure amie… Suite à ce divorce, ma mère s'est retrouvée dans une situation financière précaire. Elle a choisi de partir, seule, chercher du travail à Paris. Mon père et sa nouvelle compagne ne manifestaient pas une débordante envie de nous garder, Sébastien et moi, à leurs côtés. Ma mère nous a donc confiés à mes grands-parents maternels qui vivaient au bord de la Méditerranée, à Saint-Tropez.

Guy et Lydie, mon grand-père et ma grand-mère, étaient des juifs d'origine russe et turque : un couple généreux et gai, non pratiquant mais croyant, qui nous a inculqué avec bonheur et légèreté certaines des traditions culturelles juives… Plutôt version cuisine que version prière !

Grands travailleurs, ils avaient monté un restaurant au cœur de Saint-Tropez, dans le quartier des peintres juste en face de l'église, et ils ne comptaient pas leurs heures de labeur. Ils n'étaient ni riches ni pauvres, et si nous partions rarement en vacances, c'est uniquement parce qu'ils ne souhaitaient pas fermer leur restaurant trop longtemps. La rupture avec le travail leur était pénible. C'est d'ailleurs une culture qu'ils m'ont largement transmise.

Mon frère et moi avons grandi, grâce à eux, entourés d'amour et d'attentions. Ce fut l'époque la plus heureuse de mon enfance, celle qui m'a construite, qui m'a, je m'en suis rendu compte une fois adulte, donné des fondations solides. Nos grands-parents veillaient affectueusement sur mon frère et sur moi, ma mère était certes bien loin mais mes grands-parents nous comblaient tellement d'amour qu'ils réussissaient presque à me faire oublier que mes parents n'étaient pas là. Les quitter était un traumatisme, c'est ce que je ressentais lorsque j'allais passer certaines vacances scolaires chez mon père à Lyon. Durant ces périodes, je m'impatientais un peu, mais je savais que ce n'était qu'une question de jours avant de retrouver la chaleur du foyer de nos grands-parents. Du moins jusqu'au jour où cette organisation, plutôt équilibrée, a volé en éclats.

L'année de mes huit ans, nous sommes allés passer la fin des vacances scolaires d'été à Lyon. Mais sans nous en parler, notre père décida que nous resterions chez lui, et il nous inscrivit à l'école proche de son domicile. Il s'agissait d'un véritable enlèvement puisque, selon la loi, il n'avait pas la garde de ses enfants. Pourquoi a-t-il fait cela ? Mystère… Je n'avais pourtant pas le sentiment qu'il était très heureux de m'avoir à ses côtés.

Chez mes grands-parents, on parlait fort, la maison résonnait de rires joyeux et d'engueulades tonitruantes alors que mon père et sa femme, moins hauts en couleurs, menaient une vie, à mes yeux, très morose. S'ensuivirent de longues semaines de tristesse, d'angoisses et de cauchemars pour la petite fille que j'étais, qui ne comprenait pas pourquoi nos grands-parents adorés ne venaient pas nous chercher. De quoi déstabiliser durablement une fillette de huit ans.

En réalité, bien sûr, mes grands-parents, fous d'inquiétude, avaient fait le nécessaire auprès des autorités judiciaires pour nous récupérer. Et l'épilogue de cette triste histoire aura été l'intervention de la police venant nous chercher en pleine classe pour contraindre mon père de nous laisser partir.

Notre mère, que nous n'avions pas vue depuis six longues années, fit une réapparition à cette occasion… Avant de redisparaître à nouveau : pas de problème, ses parents, mes grands-parents maternels, étant à nouveau là pour veiller sur nous !

Hélas, le bonheur retrouvé à leurs côtés fut de courte durée, et cette fois, c'est la justice qui y mit le holà : elle prit la décision absurde de séparer la fratrie, me confiant à nouveau à mes grands-parents, mais attribuant la garde de mon frère Sébastien à notre père. Au prétexte que, selon le tribunal, mon frère s'épanouissait chez notre père, « dans un environnement catholique » !

Cela fut un véritable traumatisme, pour lui comme pour moi. Certes, je grandissais à nouveau choyée par Guy et Lydie, mais Sébastien me manquait, comme il manquait à mes grands-parents, et nous nous inquiétions beaucoup pour lui. Malgré tout, mes grands-parents étaient si tendres et joyeux que pour moi la vie redevint douce à Saint-Tropez.

Hélas, deux ans plus tard, nouveau drame : mon grand-père Guy mourut subitement. J'avais onze ans, et je perdais la seule figure paternelle que j'avais jamais aimée et admirée. Il me restait ma grand-mère Lydie, à qui je me raccrochai de toutes mes forces. Mais la vie se compliquait encore : ma mère réapparut pour me récupérer et je partis vivre quelques années dans la grisaille de la banlieue parisienne aux côtés de cette maman que j'avais finalement très peu côtoyée, accompagnée de son nouveau mari, André, avec lequel je ne m'entendais pas du tout.

Heureusement, au vu de ces relations compliquées, ma grand-mère, avec l'aide de mes oncles, a obtenu le droit de venir me chercher. J'ai donc passé la fin de mes années collège et celles du lycée à Saint-Tropez. Je pense que c'est à cette époque que j'ai appris à cultiver le goût du « tenir bon »…

Je retrouvai mes amies, dont la plus proche, Fanny, celle avec qui je faisais les quatre cents coups et partageais fous rires et secrets. Même si je supportais mal d'être enfermée dans un cadre scolaire, j'avais de grandes facilités pour apprendre : je comptais sur ma mémoire et ma rapidité d'analyse pour obtenir de bonnes notes. Quant à Fanny, elle était si joyeuse que tout le monde était indulgent avec elle. Fanny souffrait de mucoviscidose et dépensait une énergie folle à vivre comme si de rien n'était. Je savais que cette maladie était très grave, mais jamais je ne m'autorisais à penser qu'elle pouvait en mourir. Fanny ne se plaignait jamais : comment aurais-je pu imaginer une issue fatale ? C'est pourtant ce qui arriva : elle mourut brutalement… elle qui n'avait que dix-sept ans. Sa perte, d'abord, m'anéantit. Mon équilibre était à nouveau chamboulé. Après la disparition de mon grand-père, celle de ma meilleure amie bousculait à nouveau mes repères. Durant plusieurs mois, je n'eus plus goût à rien. Et puis, je finis par me reprendre : je savais que c'était ce que mon amie aurait souhaité, elle qui avait une si forte personnalité.

Sombrer... Et apprendre à rebondir. L'un des leitmotivs dans la vie de beaucoup d'entre nous.

J'obtins mon bac avec mention Bien, et m'inscrivis en faculté de droit à Aix-en-Provence tout en travaillant comme vendeuse dans des boutiques.

Bosser, ça ne me faisait pas peur : cela faisait plusieurs années que je savais ce que c'était. Après la mort de mon grand-père, ma grand-mère Lydie avait dû s'organiser : elle prenait financièrement en charge tous les frais de notre vie quotidienne, de la maison et tout ce qui était lié à mes études, mais pour les vêtements, les sorties entre amis, etc., je devais m'assumer. Dès l'âge de treize ans, j'ai travaillé dans un magasin de location de vidéos puis, au fil des ans, durant les congés scolaires, je trouvai des emplois de vendeuse. J'avais donc plusieurs expériences à mon actif, et le commerce était un domaine dans lequel j'étais plutôt douée. Ma grand-mère m'a inculqué la notion du travail. Quant aux études de droit, elles m'ennuyaient. Particulièrement le cours de droit constitutionnel, tellement rébarbatif que je n'en suivais quasi aucun. Pour les examens de deuxième année de Deug, je comptai sur la chance et sur ma capacité à me débrouiller. Je récoltai un 14/20 en droit constitutionnel…

Lassée d'Aix-en-Provence et de son université et à nouveau trop éloignée de ma grand-mère – mon seul repère –, je fis un bref passage en institut universitaire pour y étudier la gestion administrative : là encore, les cours me semblaient bien ennuyeux, et tellement éloignés de la vie réelle… Je me rapprochai de ma grand-mère en poursuivant mon chemin à la faculté de Nice. J'y décrochai ensuite un boulot de vendeuse à temps plein dans une boutique de luxe. J'y étais allée au bagout, faisant valoir mon expérience dans quelques-unes des plus belles boutiques de Saint-Tropez, et je parvins même à négocier mon salaire à la hausse : j'étais fière d'avoir su défendre mes intérêts !

C'est à Nice que ma vie de femme prit un nouveau tournant. Jusque-là, je n'avais vécu que des amourettes. Alors, quand le coup de foudre me tomba dessus…

Samuel était un beau brun ténébreux au magnifique regard vert, vingt ans, aussi calme que j'étais exubérante. Il travaillait dans le garage de son père et était très impliqué dans la communauté juive de Juan-Les-Pins. La « communauté juive » : c'était là un concept tout nouveau pour moi, car la seule communauté que je connaissais, jusque-là, était celle que je formais avec ma grand-mère. Dans mon enfance, Saint-Tropez était un village au sein duquel les « communautés », quelles qu'elles soient, n'existaient pas. Grâce à Samuel, je m'immisçai dans ce monde étonnant dont la cohésion m'attirait car elle me rassurait : moi qui avais tant manqué de structure familiale équilibrée (puisque le cadre rassurant, offert par mes grands-parents, avait été plusieurs fois détruit), l'idée même qu'une communauté puisse être soudée et s'entraider me semblait inespérée. Je ne m'inquiétai donc pas lorsque je découvris à quel point la famille de Samuel était rigoureuse sur les pratiques de la religion juive : chez ses parents, on respectait à la lettre les prescriptions de la Torah. Pour moi qui avais grandi aux côtés de grands-parents juifs non pratiquants qui passaient *shabbat* devant la télévision, c'était tout nouveau et surprenant. Mais ce qui comptait vraiment à mes yeux, c'est que la famille de Samuel semblait très unie : j'y voyais un gage de stabilité. Ses parents étaient toujours ensemble ; pas de divorce dans la famille !

Néanmoins, au bout de quelques mois, je m'étonnai un peu que Samuel, à vingt ans, soit encore contraint de faire le mur lorsqu'il souhaitait passer la nuit chez moi, et qu'il doive systématiquement se sauver à l'aube pour rentrer chez ses parents, afin que personne ne sache qu'il n'avait pas dormi dans sa chambre ! Je ne m'en inquiétai pourtant pas vraiment, car au fond, cette pression familiale me semblait charmante, et même rassurante. Cette fidélité à certains principes était la preuve de la solidité de leur foyer et en un sens cela m'épatait. J'étais tombée amoureuse de Samuel mais aussi de sa famille, de cette espèce de force qui se dégageait d'elle, de la solidité de ses fondations. Et puis, de toute façon, nous nous aimions et nous commencions à parler mariage.

Pour les parents de Samuel, hélas, j'avais l'impression de ne pas être à la hauteur de ce qu'ils espéraient pour leur fils. J'étais peut-être trop exubérante à leurs yeux, une sorte de « fêtarde de Saint-Tropez » qui menait, pensaient-ils, une vie un peu trop aventureuse. Je me sentais donc douloureusement rejetée de cette famille dont la chaleur et la rigueur me faisaient pourtant tellement envie… Mes beaux-parents n'étaient même pas sûrs que je sois bien juive, puisque je portais le nom de mon père qui ne l'est pas. Ils me demandèrent donc une preuve de ma judéité : la *ketouba* de mes parents, un certificat qui garantit la filiation juive… Je tombai des nues car je ne savais même pas que cela existait ! Certes, mon père était catholique… Mais pas ma mère, et je leur expliquai que plusieurs de mes ancêtres avaient été déportés et n'étaient pas revenus des camps… Hélas, la ketouba de ma grand-mère avait brûlé lors d'un bombardement durant la Seconde Guerre mondiale. Heureusement, ma grand-mère finit par mettre la main sur celle de sa sœur. Elles avaient le même père et, surtout, la même mère : donc, ma grand-mère était bien juive également. Comme l'était sa fille, ma mère… Et moi ! L'honneur était donc sauf, mon statut juif allait me permettre d'épouser l'homme dont j'étais amoureuse… Mais toutes ces recherches avaient pris de longs mois, et cette « anecdote » désagréable m'a fait comprendre à quel point ma belle-famille était traditionaliste.

Trois ans après notre rencontre, en 2006, j'épousai donc Samuel. Et, deux mois plus tard, je tombai enceinte de ma première fille : Shauna.

Être mariée et sur le point de fonder une famille me rendit plus forte : je me sentais solide comme un roc. La vie me souriait : j'étais amoureuse d'un homme qui m'aimait, nous attendions un enfant, il avait un travail stable dans le garage de son père et j'admirais son dynamisme chaque matin lorsqu'il sautait du lit pour aller travailler : comme moi, comme mes grands-parents, il avait le sens et l'amour du travail bien fait. Mais il était inconcevable pour moi d'être juste une femme au foyer. Moi aussi je voulais travailler : j'avais appris, très jeune, que l'indépendance financière est le premier gage de liberté. Et puis, j'étais pleine d'énergie, et douée pour la vente. C'est à cette époque, enceinte, que je me suis lancée pour la première fois dans un monde professionnel que je ne connaissais absolument pas : celui des assurances.

J'ai déjà raconté en détail comment j'ai appris sur le tas le métier de courtier en assurances. Un métier dur, qui exige que le vendeur soit toujours au top de sa forme pour faire preuve de persuasion et attirer de nouveaux clients : aller vers les gens, faire du porte-à-porte, se faire inviter chez eux pour les convaincre que le produit que vous vendez est le meilleur, et repartir avec leur signature en bas d'un nouveau contrat… Quelle énergie il faut dépenser pour réussir dans ce métier, qui peut sembler si ingrat !

J'ai mené de front grossesses et boulot sans qu'aucun congé maternité ne me soit accordé à cause de mon statut d'autoentrepreneur. Samuel, Shauna et moi avons vécu dans un deux pièces jusqu'à ce que notre fille ait trois ans. Puis, parce que j'étais une excellente commerciale, j'ai réussi à bien gagner ma vie. Avec mon salaire en plus de celui de Samuel, nous menions une vie confortable, sans excès.

Nous avons donné naissance à une, puis deux, puis trois magnifiques filles. Ma vie de famille était une priorité pour moi, et le travail restait la colonne vertébrale qui maintenait en place ma vie de femme, d'épouse et de mère de famille.

J'ai déjà raconté comment, hélas, au fur et à mesure des années, je suis tombée dans les griffes d'un escroc, un manipulateur qui, non content de m'avoir ruinée à deux reprises, m'a en plus harcelée moralement (il a été condamné depuis à quatre ans de prison pour escroquerie et a fait appel). Comment, refusant de m'avouer vaincue, j'ai eu la chance d'avoir affaire à un mandataire judiciaire bienveillant qui m'a permis de prouver ma bonne foi et comment j'ai pu monter un autre cabinet d'assurances pour tenter de faire face à mes dettes… Mais sans y parvenir.

J'ai expliqué comment, durant plusieurs années, j'ai mené de front ma carrière de cheffe d'entreprise croulant sous les dettes et les responsabilités, et mon statut d'épouse et de mère de famille, désireuse d'épargner le plus possible son mari et ses enfants : avec son garage, Samuel nous assurait une rentrée d'argent minimum et moi je me débattais, acculée, avec des centaines de milliers d'euros de dettes, contrainte d'emprunter de l'argent à droite et à gauche, parfois à des individus d'un genre assez particulier, pour payer les salaires de mes employés, le loyer et les repas de nos filles. J'allais de plus en plus mal, j'étais au bord de sombrer dans une grave dépression. Devoir de l'argent est humiliant. C'est une arme pour ceux qui prennent plaisir à rabaisser l'autre, et ils sont légion. Je savais que mes créanciers faisaient courir de sales rumeurs sur mon compte. Dans la réalité, je n'avais rien de gravissime à me reprocher : j'avais monté une société mais j'avais fait de mauvais choix. J'avais été mal conseillée et mon entreprise s'était cassé la figure. J'ai travaillé avec une mauvaise personne qui avait une totale emprise sur moi. L'entourage, dans un milieu professionnel, peut vous tirer vers le haut comme vers le bas.

Mais Juan-les-Pins, où nous vivions, est comme un village. Tout se sait. Certains membres de ma propre famille ou de la communauté de la ville venaient me trouver et me disaient : « Alors, tu as des problèmes ? »

Je sentais, chez eux, une sorte de jouissance, à me voir me débattre et tenter de me justifier. Sous couvert de me donner des conseils, ils me faisaient comprendre que j'étais une incapable. Auprès des membres de ma famille, je remboursais chaque mois de petites mensualités : il était impossible pour moi de faire plus, ma priorité étant de payer les salaires de mes employés.

Hélas, parfois l'être humain n'hésite pas à appuyer sur la tête de celui qui se noie. Y compris lorsqu'il s'agit de l'un de ses proches. Alors, accablée, je finis par cesser d'aller aux fêtes religieuses à la synagogue. À force, je ne supportais plus le regard des autres, je devenais paranoïaque, j'imaginais que tout le monde me dénigrait. Je m'isolais de plus en plus, et je commençai à sombrer dans la dépression. J'ai profondément souffert du traitement que certains proches m'ont réservé à cette époque. Et j'ai mis un point d'honneur, plus tard, à tous les rembourser, jusqu'au moindre centime, y compris ceux qui m'avaient définitivement tourné le dos.

Cette période de ma vie fut très déstabilisante. Pourtant, je n'en garde pas uniquement un souvenir douloureux. Ces épreuves m'ont endurcie professionnellement et, au fil des ans et des coups durs, elles m'ont permis de développer des compétences dont je ne me savais pas capable. Oser accepter l'échec, c'est aussi accepter de réussir.

2

Oser l'intuition

En 2010, je ne me doutais pas que ma vie professionnelle allait prendre un nouveau tournant. J'étais toujours accablée de dettes, j'avais tenté à plusieurs reprises de me sortir d'un gouffre financier en ne comptant que sur moi-même, sur ma capacité à rebondir, mon dynamisme et ma rage de réussir à élever mes enfants dans un confort au moins acceptable. Mais mes dettes étaient toujours là. J'ignorais de quoi serait fait le lendemain. Je n'avais qu'une obsession : me sortir, nous sortir de l'impasse.

Et pourtant, je n'y arrivais pas.

Rétrospectivement, j'ai compris pourquoi je n'y étais pas parvenue. Il me manquait quelque chose d'essentiel : je n'étais pas capable de faire confiance à mon instinct. Dans la vie, il y a toujours un moment où il faut faire un choix, et pour choisir, il faut être capable d'écouter son intuition. Or c'est un apprentissage que ni l'école ni les parents (à part, sans doute, de rares exceptions) ne nous enseignent. Moi, en tout cas, on ne me l'a pas appris, je n'ai pas été élevée par un père ou une mère qui aurait pu m'éduquer à écouter mes sens, à prêter attention à mes émotions, à traduire ce que mon corps et mon cœur ressentaient. Mes grands-parents étaient merveilleux, mais si on leur avait expliqué que l'intuition est une force qui s'aiguise, un muscle qui s'entraîne et qu'il faut savoir l'écouter, ils auraient sans doute gentiment haussé les épaules. Et pourtant ! Si j'avais su prêter attention à certains signes à cette époque, je ne me serais sans doute pas retrouvée dans la situation inextricable qui était la mienne. J'aurais tout arrêté quand il était encore temps de dire stop. Au lieu de courir partout comme un poulet sans tête, au lieu de travailler douze heures par jour au bureau, puis de déployer des trésors d'énergie pour trouver de l'argent et rembourser mes dettes, j'aurais mis un terme à tout investissement psychologique, émotionnel, sentimental ou financier. J'aurais compris que parfois, foncer permet de s'en sortir… Et que parfois non ! Car j'en étais là : acculée par les dettes, j'aurais dû m'arrêter, m'autoriser à souffler, pour écouter ma petite voix intérieure. Nous avons tous une petite voix intérieure. Simplement, nous ne le savons pas. Bien sûr, je me posais des questions, mais piégée dans une course folle, incapable de ralentir, sans doute par crainte de ne plus pouvoir repartir, je n'ai jamais pris le temps d'analyser la situation. Si je l'avais fait, si je m'étais fiée à mon instinct, si j'avais écouté mon intuition, j'aurais vraisemblablement évité la descente aux enfers. Par exemple, j'aurais quand même été victime d'un entourage professionnel manipulateur… Mais je ne l'aurais été qu'une seule fois. Pas deux ! Car c'est bien ce qui m'est arrivé : j'ai été d'une grande naïveté vis-à-vis de cet homme qui m'a ruinée tout simplement en ne me réglant pas mes commissions et, au lieu de le fuir, j'ai trouvé le moyen, par la suite, de lui faire à nouveau confiance. La victime parfaite ! Ce grand manipulateur a réussi à me convaincre de reprendre le travail pour lui. Et, en prime, il m'a même persuadée de lui vendre mon studio à un prix très au-dessous du marché « afin de me permettre de régler une partie de mes dettes »…

Mais, dans cet échec, j'assume ma responsabilité : si je me suis retrouvée pieds et poings liés, c'est parce que je me suis refusée à admettre que j'avais fait fausse route. Si j'avais osé mettre un point final à mon activité, j'aurais tourné la page et j'aurais regardé ailleurs. Il faut oser reconnaître nos propres faiblesses et les accepter. Les nier nous emmure dans l'erreur. Il faut savoir se remettre en question, admettre que nous nous sommes trompés et avancer. Nous avons aussi un libre arbitre qui nous permet de dire « stop » lorsque nous nous retrouvons dans une situation critique. Cette responsabilité personnelle dans le cours de mon destin, je la revendique : tout n'est pas la faute des autres, même quand ils sont nuisibles et pervers. Tous mes échecs m'ont appris à la fois la prudence, la discrétion, l'anticipation… et à avoir beaucoup plus confiance en mon instinct. Il existe toujours un moment où nous avons la possibilité de nous reprendre, de modifier le parcours de notre vie.

Ce moment, cet instant T durant lequel il faut savoir écouter son intuition, si imperceptible soit-il, existe quasiment toujours.

Pour ma part, j'ai longtemps cru que ce qu'on appelle l'intuition était une illumination spontanée. Et puis, bien après tous ces déboires, j'ai étudié la question plus en profondeur. J'ai compris que pour de nombreux chercheurs, l'intuition a un fondement scientifique. J'ai ainsi découvert qu'à la fin des années 1990, António Damásio, un neurologue luso-américain, a démontré que notre cerveau est doté d'une faculté de prémonition. Ses recherches ont été publiées dans la très sérieuse revue américaine *Science* : Damásio a observé l'attitude du système nerveux lorsqu'un être humain doit prendre une décision délicate. Pour ce faire, il a fait équiper des joueurs de cartes d'électrodes et, en étudiant le fonctionnement de leur cerveau durant leur jeu, les scientifiques ont découvert ceci : lorsque le joueur est sur le point de retourner une carte perdante, le système nerveux s'affole et adresse un signal d'alarme au cerveau.

« Nos résultats montrent que l'inconscient dirige le comportement avant que la connaissance consciente ne le fasse », en a conclu Damásio.

J'ai aussi lu que, plus récemment, en 2016, lors d'une étude japonaise du RIKEN Brain Science Institute de Tokyo, des chercheurs ont placé des joueurs professionnels de *shogi* (les échecs japonais) sous neuro-imagerie et ont mesuré leur activité cérébrale quand ils disputent une partie. Ils ont constaté que deux régions particulières du cerveau étaient activées : le *précunéus*, une zone du cortex cérébral qui intègre les informations spatiales et visuelles (et donc la disposition des pièces du jeu de shogi) et le *noyau caudé*, impliqué dans le contrôle et l'action des activités motrices. Comme dans l'expérience de Damásio, les chercheurs ont noté que les joueurs experts reconnaissaient rapidement certaines configurations déjà vues car elles avaient été stockées dans leur mémoire.

L'intuition serait donc probablement liée à la somme des expériences que nous avons vécues antérieurement, mais dont nous n'avons pas de souvenir conscient : nous savons, mais nous ignorons que nous savons.

Pourtant, notre petite voix intérieure, elle, nous envoie un message, et il est à la portée de nous tous. Ce peut être une simple sensation physique, ou bien encore une sorte de flash, une image, un mot… Ou même, brusquement, une certitude qui s'ancre profondément en nous, sans que nous comprenions bien pourquoi. Pas d'explication logique. Souvent, cette intuition est très claire, instantanée et fugace, mais elle est assombrie par toutes les pensées qui nous viennent quasiment au même moment, par les émotions qui nous envahissent, la peur du risque, le doute, l'anxiété…

Alors, comment différencier l'émotion de l'intuition ? Pour ma part, dorénavant, lorsqu'un choix délicat s'impose à moi, bien entendu, comme tout le monde, je tâche d'analyser d'abord la situation, je me concentre pour que le calme s'installe en moi afin que le va-et-vient continu de mes pensées se fige et laisse place à ma fameuse petite voix intérieure, puis je me pose une question : « Suis-je en train d'essayer d'éviter ce qui me fait peur, ou bien en train de choisir ce qui est le mieux pour moi – ou pour mes influenceurs ? »

Aujourd'hui, après des années de pratique et parfois d'erreurs, je me fais confiance. J'ai appris à m'écouter. Bien sûr, il ne s'agit pas d'une science exacte, et j'ai aussi appris à poser des limites, à moi comme aux autres, et j'en fais également profiter mes candidats de téléréalité. Dans la réussite comme dans l'échec, il faut savoir se dire : « Quand j'en serai là ou si j'en arrive là : j'arrête. »

Et il faut s'y tenir, quoi qu'il arrive.

J'écris cela sans aucun regret : à l'époque où j'avais sombré dans un gouffre financier, je n'étais pas suffisamment armée pour oser me faire confiance. J'avais peur : vendre des assurances et des mutuelles, c'était mon métier. Je l'aimais et je le faisais bien, je me donnais à fond depuis des années, j'avais acquis de l'expérience. Malgré les problèmes, les coups fourrés de mon ancien entourage professionnel ou les dettes, je naviguais encore dans ma zone de confort et cela me rassurait. L'idée de changer de voie, de prendre des risques, de devoir apprendre un autre job, moi qui avais trois filles à charge, me terrifiait. Je n'osais pas me lancer dans l'inconnu.

Cette période fut l'une des plus noires de ma vie. Psychiquement, j'étais épuisée : la galère durait depuis trop longtemps. J'ignorais de quoi le lendemain serait fait. Je paniquais à l'idée que mes filles souffrent au quotidien de mes problèmes financiers. Je me sentais au bord du gouffre, submergée par les responsabilités. Et puis un jour, par un concours de circonstances, j'ai croisé Jazz, une jeune candidate de téléréalité ayant participé à la saison 4 de *Qui veut épouser mon fils ?* Ce monde-là m'était alors totalement étranger. J'avais peur de me lancer, car j'avais peur du regard de mes filles et du regard des autres en général. J'avais peur de l'échec, peur que cet échec soit jugé. Pourtant, c'est là que, pour la première fois, j'ai osé écouter ma petite voix intérieure…

Tout a commencé ainsi : j'ai simplement aidé la jeune femme à négocier un contrat de publicité pour un établissement qui voulait utiliser son image pour une promotion sur le réseau social Instagram. Les réseaux sociaux, j'en ignorais à peu près tout, en revanche le commerce, ça me connaissait. J'ai donc réussi, sans avoir beaucoup à me forcer, à lui obtenir une rémunération de 3 000 euros : Jazz, qui espérait seulement une petite gratification, en fut tellement satisfaite qu'elle me demanda de continuer à « m'occuper d'elle », c'est-à-dire de sa carrière…

À une époque où je n'avais que des idées noires en tête, cette proposition aurait pu glisser sur moi sans que j'y prête attention. Mais heureusement, une voix en moi a parlé suffisamment fort pour se faire entendre et m'a dit : « Vas-y. Offre-toi ce répit. »

C'est ainsi que j'ai sauté sur l'occasion de me concentrer sur autre chose, d'oublier mes problèmes, au moins quelques instants. J'ai osé m'accorder cette liberté. Et tout le peu de temps et d'énergie que j'ai dépensés pour aider Jazz à négocier son statut d'influenceuse m'a littéralement sorti la tête hors de l'eau. Le simple fait de penser à autre chose qu'à mes problèmes d'argent m'a redonné le sourire. Après tout, même si cela ne devait durer que quelques minutes ou quelques heures, j'avais le droit de profiter de ces rares moments de douceur. Oui, il faut s'accorder du répit ! Ce n'est qu'à cette condition que nous pouvons recharger nos batteries. Il est essentiel d'apprendre à être indulgent, parfois, avec soi-même, et d'arrêter de se sous-estimer.

Mon problème est que j'avais perdu toute confiance en moi. Je n'arrivais pas à regarder la réalité en face. Au lieu de le prendre comme une force, je le prenais comme une faiblesse. Chaque problème que l'on vit doit être vécu comme une force.

Moi qui ne connaissais donc rien à la téléréalité, à part pour avoir une fois ou deux jeté un œil aux séries *Secret Story* ou *Les Marseillais*, moi pour qui les réseaux sociaux, Facebook, Twitter, Snapchat et Instagram appartenaient à un monde virtuel qui ne m'avait jusque-là jamais intéressée, je plongeai la tête la première dans cet univers tellement éloigné de celui des assurances.

Je ne manageais pas encore officiellement la carrière de Jazz, mais je passai des heures, des jours, à étudier le fonctionnement des réseaux sociaux. Puis, en surfant sur Internet et en lisant attentivement nombre de posts ou de publications, je me penchai sur le profil et la vie de ces acteurs de la téléréalité. Je compris vite comment leur vie professionnelle s'organisait : les candidats aux émissions, retenus pour des séries sur TF1, NRJ 12 ou W9, étaient totalement livrés à eux-mêmes une fois la série terminée. Et la plupart retournaient alors dans l'anonymat dont ils n'étaient finalement sortis que de façon très éphémère, le temps d'un épisode d'une série. Ils n'étaient pas représentés professionnellement, personne ne les aidait à gérer leur carrière, contrairement aux artistes ou aux mannequins. Et ce manque d'intérêt, je m'en rendis vite compte, venait de ce que ces candidats de téléréalité étaient assez méprisés : la téléréalité n'était pas encore « glamour » comme elle peut l'être aujourd'hui. Les candidats sont parfois immatures et ils manient souvent une langue peu châtiée surtout lorsqu'on les pousse à forcer le trait. Les producteurs n'avaient pas anticipé l'impact et la rentabilité que ces acteurs pourraient engendrer une fois qu'ils auraient su conquérir les jeunes téléspectateurs. Cette erreur en termes de marketing, ce manque de vision allaient être déterminants pour ma réussite.

Une idée me traversa l'esprit : ce que j'avais réussi à faire pour Jazz m'avait redonné confiance en moi, je pouvais tenter de le faire pour d'autres ! Jazz, d'ailleurs, m'avait présenté un autre candidat de téléréalité, Vivian, qui venait de participer à *Secret Story 3* et aux *Anges de la téléréalité 7*. Tout à coup il ne s'agissait plus d'un jeu, mais d'un challenge qui m'ouvrait de nouvelles perspectives : réussir à trouver des contrats à des candidats de téléréalité ; n'était-ce pas le moment de franchir le pas ? De me lancer ailleurs ? Dans ce monde des réseaux sociaux et des influenceurs, un univers absolument inconnu de moi jusqu'alors ? Pourquoi pas ? Cette fois, je le reconnaissais, ce fameux « moment » qu'il ne faut surtout pas louper, et je m'empressai de le capturer : je m'arrêtai pour réfléchir à ma vie, pour faire le point. J'avais trente-cinq ans. Côté vie privée, j'étais mère de trois magnifiques fillettes, et leur père et moi nous entendions bien. Ma vie de famille était donc plutôt une réussite. En tout cas, c'est ce dont je me convainquais. Côté vie professionnelle, en revanche, depuis dix ans, j'enchaînais les hauts et les bas, de vraies montagnes russes, et je trimballais ces centaines de milliers d'euros de dettes, que malgré tous mes efforts je ne réussissais pas à rembourser. L'échec était donc total. J'avais été mal entourée, trompée, flouée. J'étais tombée tellement bas que je n'avais, de toute façon, pas grand-chose à perdre. Ma situation professionnelle pouvait difficilement être pire. N'était-ce pas justement le moment idéal pour dire stop ? Pour oser me lancer dans une nouvelle direction ? J'avais peur, et alors ? Étais-je vraiment du genre à reculer devant l'obstacle ?

Cette fois, j'allais me faire confiance et oser suivre l'intuition qui me disait qu'il était temps de tourner la page et que ce nouveau monde me tendait les bras. Certes, j'avais tout à apprendre, et pourtant, j'en étais certaine : j'en étais capable, car je me savais bosseuse et déterminée à apprendre vite. Je pris ma décision : nous étions en avril 2016 et j'allais créer une nouvelle société que je baptiserai Shauna Events, reprenant le prénom de ma fille aînée.

Mon but, en créant Shauna Events, allait être de représenter tous les candidats de téléréalité qui le souhaiteraient. Les protéger, les coacher, leur trouver des contrats avec des marques, *dealer* leurs relations commerciales. Si j'osais ce pari, c'est parce que j'avais l'intuition qu'il y avait là un énorme potentiel. Aucune étude de marché ne motivait ma décision. Il s'agissait uniquement de *feeling*, basé d'abord sur les profils de ces personnes qui venaient à moi ou que je réussissais à convaincre, à force de ténacité. Pour chaque signature gagnée, je ressentais la joie d'avoir un nouveau candidat à mes côtés et la fierté d'avoir remporté un nouveau challenge.

Je les découvrais enthousiastes, fougueux, souvent drôles et gentils. Même s'ils étaient jeunes, ils avaient une réelle personnalité et du potentiel. Ils étaient attachants, et nos échanges très spontanés. En un mot : ils me plaisaient. Ils auraient pu être mes jeunes frères ou sœurs. Je me promettais et je leur promettais que je serais toujours franche avec eux. Nous allions travailler ensemble, j'allais mettre Shauna Events et toute mon énergie à leur service. Je pensais que les marques seraient forcément intéressées d'être promues par le biais de personnes très suivies sur les réseaux sociaux. Ce type de publicité coûterait beaucoup moins cher aux entreprises que d'acheter un espace sur une chaîne de télé nationale à une heure de grande écoute pour finalement ne pas atteindre leur cible.

Ces jeunes, j'en étais certaine, allaient m'aider à gagner de l'argent, et j'allais les aider en retour. Nous y trouverions tous notre compte, et je me sentais particulièrement heureuse car nous allions aussi permettre à des entreprises de développer leur chiffre d'affaires : j'étais donc utile à quelque chose !

Nous démarrâmes donc ensemble, petitement d'abord. Puis, au fur et à mesure, le bouche à oreille prit. Je négociai des placements de produits pour Jazz, puis pour Jessica Thivenin, puis pour Amélie Neten et Milla Jasmine.

Mon intuition fut la bonne : Shauna Events décollait. Je gagnai de l'argent. Je parvins, pour la première fois, à commencer à payer mes dettes et à me libérer de certaines entraves. Je repris peu à peu espoir. Je me sentis revivre.

J'avais donc eu raison de faire confiance à mon instinct. Enfin.

3

Oser faire front
(ne pas céder devant la menace)

Mais la réussite crée forcément des envieux.

Avril 2017 : pour lancer mon entreprise, Shauna Events, je suis contrainte de bouleverser notre organisation familiale. Impossible de gérer ma société depuis Juan-les-Pins, je dois être là où tout se passe, c'est-à-dire à Paris.

Je travaille énormément, tout en me gardant bien de me mettre en avant depuis le lancement de Shauna Events. Durant de longs mois, je suis une cheffe d'entreprise très discrète. Pourquoi ? Parce que j'ai bien conscience que tant que je n'aurai pas remboursé mes dettes, je serai une proie : rien de plus facile que de détruire la fougue et la bonne volonté d'une entrepreneuse si elle a des casseroles économiques. Or, tant que je dois de l'argent, des casseroles, j'en ai. Pas question, donc, de mettre ma réussite en avant. Je ne partage rien sur les réseaux sociaux et je resterai dans l'ombre jusqu'à ce que j'aie tout payé. C'est ma priorité : régler mes dettes y compris, et même surtout, auprès de ceux qui m'ont humiliée lorsque j'étais plus bas que terre... Mon honneur et ma tranquillité sont en jeu.

Dix-huit mois passent. Peu à peu, je rembourse. D'abord aux particuliers, qu'ils soient des escrocs, des connaissances ou des amis, je rends tout, au centime près. Puis je réapparais tranquillement sur les réseaux sociaux. C'est alors que j'ai l'infinie surprise de voir resurgir des personnes qui m'ont accablée, insultée. Des gens qui, lorsque j'étais désespérée, lorsque je courais après 50 euros pour acheter à manger à mes enfants – et oui, j'en étais là – m'avaient rabaissée, humiliée.

Avec un culot sidérant, ces gens-là, donc, me contactent, comme si de rien n'était et comme si je pouvais avoir oublié la façon dont ils m'ont traitée ! Ils tentent de me joindre par téléphone, de communiquer avec moi, de me parler... L'odeur de l'argent les a rendus amnésiques. D'autres vont carrément plus loin. Ils m'envoient des messages pour réclamer « leur part du gâteau » !

Ils me disent :

« Tu te souviens quand j'ai bossé pour toi et que tu galérais ? Eh bien, j'étais là, moi ! Et moi aussi, du coup, j'ai galéré, quand tu nous payais nos salaires en retard ! Donc maintenant que tu gagnes beaucoup d'argent, tu dois t'en souvenir et m'en faire profiter pour me remercier ! »

Estomaquée, je leur réponds :

« Mais je ne te dois rien ! Tu as toujours eu ton salaire, même en retard ! Je travaille, moi, pour gagner cet argent ! Il n'arrive pas tout seul ! »

Parfois, ils osent insister. Je les ignore. Jusqu'à ce qu'un jour, l'un d'entre eux se permette d'aller beaucoup, beaucoup plus loin que les autres. Il me menace carrément :

« Tu vas me donner de l'argent, j'ai besoin de 3 500 euros. Sinon je vais voir ton mari et je lui dis que tu le trompes. »

Du chantage…

Cet épisode de ma vie est déterminant, et je souhaite qu'il soit lu comme une utile leçon à tous ceux que la crainte de voir révélée une info – ou une intox – les concernant pousse à agir de façon stupide. Car c'est ce que j'ai fait : j'ai agi bêtement. Et je me suis moi-même prise au piège.

Cela faisait deux ans que Shauna Events existait : je venais juste de réussir à tout rembourser, à sortir la tête hors de l'eau, je parvenais enfin à un équilibre précaire, et à cause de ce chantage qui risquait de déséquilibrer ma vie personnelle, ma vie de famille, tout allait peut-être s'écrouler. N'était-ce pas plus simple de payer ?

J'étais encore une novice dans ce monde du business. Devant la menace, j'ai paniqué. J'ai cédé au chantage. Sans doute parce que je n'étais psychologiquement pas prête à assumer le fait que mon cocon familial était sur le point d'exploser. Quoi qu'il en soit, une chose est sûre : céder à une tentative de chantage est psychiquement déstabilisant et nous fait immédiatement entrer dans un cercle vicieux. C'est ce qui s'est passé pour moi : à partir de cet instant, j'ai vécu dans la peur durant près de deux ans.

À la plupart de ceux qui m'ont harcelée, j'ai accepté de donner de l'argent, parfois de petites sommes, parfois de plus grosses. Bien sûr, le deal était toujours de payer pour qu'ils se taisent, car je savais hélas que – qu'il s'agisse d'infos ou d'intox – les rumeurs peuvent briser une réputation, une carrière, une famille. Je payais donc pour me débarrasser d'eux. Je pensais acheter ainsi ma tranquillité et pouvoir continuer à avancer.

Les maîtres chanteurs qui me connaissaient savaient bien que mon point faible était ma vie privée. Dans le boulot, j'étais une guerrière : je ne me laisserais pas faire sans lutter, et la lutte serait rude – ils le savaient. Mais ma cellule familiale était mon talon d'Achille. Mon mari vivait dans sa bulle, il n'était pas au courant de la moitié des problèmes financiers avec lesquels j'avais dû jongler. Ce n'est que l'un des exemples des chantages auxquels j'ai été soumise. Le plus étrange, c'est que je me sentais autant fragilisée par les accusations fausses que par les vraies. Tout ce qui pouvait mettre en péril mon équilibre familial m'affolait.

Et puis, un chantage a été plus ignoble que tous les autres.

À l'époque, je venais de rencontrer celui qui allait devenir l'homme de ma vie : Stéphane. Nous avons fait connaissance le 31 décembre 2018 et nous sommes plu immédiatement. Mais j'étais mariée, et même si avec Samuel je savais bien que nos liens s'étaient distendus, même si notre couple n'était plus aussi harmonieux qu'avant, je n'envisageais pas une seconde de le quitter. Car la famille, notre famille, mes filles, c'était ce qu'il y avait de plus important pour moi. Moi, Magali, la fille de divorcés qui n'avaient pas été fichus de donner un équilibre familial à leurs enfants, j'avais réussi à ne pas reproduire leur exemple : j'avais un mari, trois enfants, un foyer. J'avais réussi à créer une cellule familiale. Et malgré mes énormes galères financières, j'avais à peu près réussi à épargner mes proches : Samuel passait son temps au garage et semblait satisfait de sa vie, il adorait nos filles et s'en occupait très bien, Shauna, Victoria et Shelly étaient joyeuses et bien dans leur peau. C'était tout ce qui comptait pour moi. Sauf que je tombai amoureuse de Stéphane, sans le chercher et même sans m'en rendre vraiment compte. Passé les premières semaines, je me rendis peu à peu compte que cet homme-là devenait indispensable à mon équilibre : nous étions exactement sur la même longueur d'ondes, il me comprenait, ne me jugeait jamais, il était mon double, mon âme sœur. Je n'imaginais plus devoir le quitter. Et Stéphane était sûr de notre avenir commun. Alors, durant quelques mois, j'ai été très mal à l'aise vis-à-vis de Samuel, mais les moments passés avec Stéphane me rendaient folle de bonheur. Lorsque j'étais à ses côtés, je me sentais comprise, aimée, forte. Grâce à lui, j'étais épanouie, en harmonie avec moi-même. Alors j'ai fini par m'avouer la vérité : mon mariage avait vécu et je respectais trop Samuel pour vivre une double vie. Il fallait que je mette fin à cette situation. Mon mari méritait la vérité ; il méritait de pouvoir refaire sa vie et d'être heureux avec une autre. J'ai donc fini par décider de le quitter. Je savais que j'allais profondément le blesser, car lui m'aimait encore, à sa façon. Alors, pour ne pas rajouter la jalousie à sa peine ; pour qu'il conserve son amour-propre, j'ai préféré lui cacher que je le quittais pour un autre. Je lui ai expliqué que notre séparation était d'abord la conséquence de toutes les embûches que j'avais traversées au boulot, qu'elles m'avaient démolie et avaient usé l'amour que je lui portais depuis de longues années. C'était vrai, bien sûr, mais jusqu'à ma rencontre avec Stéphane, je m'étais persuadée sans trop de difficultés que tout allait bien, que notre vie maritale restait satisfaisante. Le problème est que je n'étais pas moi-même. Je lui cachais tout pour le protéger. En réalité, lui cacher autant de choses ne lui rendait pas service. Ni à lui ni à moi. Si j'ai fait ça, c'est vraiment par bienveillance. Mais je n'y arrivais plus. Je me sentais si seule.

Avec Stéphane, donc, je me sentais en paix, sereine. Protégée. Je me sentais moi-même. Et il a réussi à me faire admettre que la façon dont je menais ma vie me conduisait droit dans le mur. Que je n'aurais jamais dû céder aux chantages. Que je devais marcher la tête haute, assumer les erreurs que j'avais commises et que les maîtres chanteurs pourraient révéler et rester indifférente aux énormes mensonges qu'ils pouvaient faire circuler à mon égard sur la Toile. Il avait raison. Alors, j'ai arrêté de payer. J'ai envoyé balader ceux qui osaient me contacter pour me mettre la pression. Je leur raccrochais au nez. Et je ne lisais plus les attaques blessantes que certains déversaient sur les réseaux sociaux.

Hélas, après une accalmie de quelques semaines, ma vie est redevenue un cauchemar, pire encore. À ce moment-là, et c'est bien là le piège, je me suis à nouveau dit que lorsqu'on paye le maître chanteur, au moins, on gagne un peu de tranquillité, même si elle n'est que momentanée… Heureusement, Stéphane était à mes côtés, alors je n'ai pas cédé. Mais la machine s'est emballée.

En mars 2019, un blogueur connu sur les réseaux sociaux lance le hashtag « Berdahgate » : il promet de révéler « plein de dossiers » me concernant. Un *gate*, sur les réseaux sociaux, c'est une chasse ouverte qui ne s'arrête que lorsque la personne visée est « morte socialement ». C'est donc ce que souhaite ce blogueur : m'effacer des réseaux sociaux. À l'origine de sa manipulation, semble-t-il, un mail qu'il aurait reçu lui indiquant que moi, Magali Berdah, je l'insultais dans son dos. Évidemment, c'est faux. Mais il ne tente même pas de vérifier. Toutes les deux heures, il publie une rumeur me concernant. Ce blogueur mêle des informations réelles concernant ma vie privée – et qu'il n'a donc pu avoir qu'auprès de gens qui me connaissent – à des allégations totalement mensongères, plus ou moins farfelues et plus ou moins graves. Cela me vaut une avalanche de messages tous plus haineux les uns que les autres. Personne ne se demande si ce qu'il raconte est vrai !

Puis il franchit la dernière étape : il ose s'attaquer à ma vie privée. Sur la messagerie Telegram, il révèle publiquement ma relation avec Stéphane. Cette fois, donc, ce qu'il dit est vrai. Mais c'est mon histoire, ma vie, et je n'ai plus aucun pouvoir sur elle. C'est la fin de mon mariage et on me vole la possibilité de l'annoncer moi-même à mon époux. Rien ne l'arrête : il publie une photo de Stéphane et moi au restaurant. Je suis à la fois sidérée, dégoûtée devant tant d'ignominie, et totalement paniquée. Car ni Samuel ni mes filles ne sont au courant de l'existence de Stéphane. Mon mari va donc découvrir cette photo et prendre ces révélations en pleine figure ! Car bien entendu, même s'il n'est pas accro aux réseaux sociaux, des âmes charitables vont très vite l'informer de ce qu'il risque d'avoir raté…

Et le harcèlement continue : il n'entend pas s'arrêter là. Toutes les cinq minutes, grâce aux notifications sur mon Smartphone, je découvre avec horreur que des centaines de personnes, des noms issus de mon répertoire privé, s'abonnent à son compte pour avoir accès aux « informations » relayées par le blogueur ! Régulièrement, l'écran de mon téléphone m'indique que mon voisin à Juan-les-Pins, mon coiffeur, mon plombier… et des centaines d'autres contacts, s'inscrivent les uns après les autres sur Telegram pour connaître ces odieuses rumeurs. Mon téléphone n'arrête pas de vibrer, et je suis assaillie de messages d'insultes. J'apprends que des « amis de la famille » ont appelé mes beaux-parents pour les mettre au courant !

Je découvre également par la suite que mes filles, qui sont inscrites dans une école juive, sont harcelées par les autres enfants qui me traitent, moi, leur mère, de tous les noms d'oiseaux imaginables. Shauna, mon aînée, refuse après ce douloureux épisode de remettre les pieds au collège. Victoria, ma cadette, est bouleversée. Seule Shelly, peut-être parce qu'elle est encore très jeune, semble résister à cette tempête.

Ce harcèlement en ligne dure exactement quatre jours, vingt-quatre heures sur vingt-quatre. Je ne sors plus de la chambre d'hôtel du XVIe arrondissement où je vis habituellement durant la semaine, puisque je n'ai pas encore d'appartement à Paris. Plus les heures passent, plus cette situation me semble inextricable. Cela ne s'arrêtera donc jamais ? Je reste enfermée dans le noir. Je ne dors pas, ou peu. Je pleure. C'est la première fois que je subis un harcèlement sur les réseaux sociaux. C'est extrêmement violent. Mais qu'ai-je fait pour recevoir un tel déferlement de haine ? Suis-je devenue la femme à abattre, simplement parce que la société que j'ai créée décolle et que je commence à gagner de l'argent ? Est-ce le sort réservé aux cheffes d'entreprise ? En y repensant, après coup, je me dis que si Stéphane n'avait pas été à mes côtés dans ces moments hideux, j'aurais pu, je crois, sauter par la fenêtre de ma chambre pour en finir une fois pour toutes. C'est à ce moment-là que je découvre les dangers des réseaux sociaux. Ce que j'ai subi m'a servi de formation. Cela m'a permis de comprendre comment, à partir de rien, les choses pouvaient dégénérer. J'étais terrorisée, mais j'ai ensuite compris que cette expérience était nécessaire, qu'elle m'avait été utile pour la suite.

Je ne sais plus où j'en suis, mais s'il y a une personne en qui j'ai confiance, c'est bien Stéphane. Et il semble si sûr de lui qu'il a sans doute raison : il faut prévenir la police et porter plainte.

Accompagnée de Stéphane, je me rends donc au commissariat de Boulogne. Aux policiers, à qui j'explique la situation, je montre les horreurs que le blogueur diffuse sur les réseaux sociaux et je les supplie : « Appelez-le ! Dites-lui d'arrêter ! »

Les policiers prennent ma plainte au sérieux et sont plutôt compatissants, mais aussi assez désarmés. Ils m'expliquent qu'ils ne peuvent pas l'appeler, qu'il est très compliqué d'intervenir dans un harcèlement sur les réseaux sociaux. En fait, je comprends qu'ils ne savent absolument pas quoi faire ! Je sors du commissariat et y retourne quelques heures plus tard, puis quasiment au même rythme que les harcèlements en ligne du blogueur. Mais chaque fois, les policiers me disent d'un ton désolé qu'ils ne peuvent rien faire tant que l'infraction n'est pas « caractérisée ». Cela achève de me déstabiliser : quand ce cauchemar prendra-t-il fin ?

Je fais des allers-retours entre l'hôtel Molitor et le commissariat : je suis de plus en plus stressée, je ne supporte plus de me voir jetée en pâture, je finis par craquer et m'effondre en sanglots au milieu du commissariat, devant un policier gêné.

Et puis, après quatre jours d'insultes à mon encontre, je reçois un coup de téléphone du blogueur lui-même. Il est on ne peut plus clair : si je paye, il arrêtera de balancer ces infos et ces intox sur les réseaux sociaux. Il veut 35 000 euros.

Je suis à la fois sonnée et soulagée : au moins il se passe quelque chose de concret. Cette fois, les policiers vont sans doute pouvoir agir. Et je ne suis pas seule dans la tempête : Stéphane est à mes côtés. Il me soutient, il est mon pilier, mon roc. Lorsqu'il comprend que j'hésite, une fois de plus, à payer, il se fait très ferme : « Il n'en est pas question, Magali. C'est fini. Tu vas dire non. Il faut stopper cet engrenage. »

Cette fois, les policiers ont du concret : le blogueur me demande de l'argent, c'est de la tentative d'extorsion de fonds. Mais je sais que le temps judiciaire est lent : ma plainte va prendre du temps à être traitée… C'est alors que j'ai une idée : je vais le piéger ! Je vais dire au blogueur que j'accepte ses exigences. Je vais lui donner rendez-vous et j'enregistrerai notre conversation. Ainsi, la police aura une preuve pour pouvoir le poursuivre. Avec des amis, nous organisons le piège afin qu'ils puissent être témoins. Je vais donner rendez-vous au maître chanteur dans le hall de mon hôtel. J'y arrive très en avance, accompagnée d'un copain qui s'assoit à côté de moi. Je vais le faire passer pour mon juriste présent à mes côtés pour pouvoir établir un contrat avec le blogueur, contrat par lequel il s'engagera à cesser tout harcèlement en échange d'une certaine somme d'argent (évidemment, cela fait partie du piège). Nous sommes assis en face de la vitre : ainsi, nous le verrons apparaître. Le timing est très important, car nous devons déclencher les dictaphones de nos Smartphone juste avant qu'il n'entre. Le blogueur arrive. Nous avons juste le temps de lancer les enregistreurs. Il est accompagné d'un jeune homme qu'il me présente comme un associé. Je comprends très vite que ce garçon vient en réalité en appui, pour prendre le relais du blogueur au cours de la discussion et faire monter les enchères afin qu'il n'y ait pas de temps mort et que je n'ai pas le temps de trop réfléchir. Tous deux font peser une intense pression sur moi, j'ai le sentiment d'être dans un mauvais film de série B avec des pseudo-mafieux... Cet entretien va durer cinquante-cinq minutes, une conversation enregistrée de bout en bout. La présence de nos deux téléphones portables sur la table basse ne perturbe pas les deux hommes : les écrans restent noirs, impossible de savoir qu'ils sont sur dictaphone. Bien sûr, j'ai une furieuse envie d'insulter le blogueur, de lui hurler à quel point je le méprise et le maudis. Mais je dois rester calme et maîtresse de moi-même. Mon but est d'avoir tout ce dont j'ai besoin dans l'enregistrement et poursuivre ce garçon en justice.

Étonnamment, il ne semble pas du tout se méfier. Je le fais parler :

« Qu'est-ce que tu veux, finalement ?

— Magali, c'est simple : si tu veux que j'arrête le gate, il faut me dédommager.

— Mais te dédommager de quoi, c'est moi qui suis victime !

— Victime ou pas je te préviens, j'ai encore plein de choses sur toi !

— Mais les trois quarts des soi-disant infos que tu balances sont fausses ! Tu es en train de détruire ma vie et celle de mes proches, mes enfants n'osent même plus aller à l'école, mon ex-mari ne me parle plus, ma belle-famille ne veut plus entendre parler de moi et ce ne sont que des mensonges !

— Écoute, reprend-il agacé, moi je ne suis pas là pour vérifier, faux ou pas, on veut 60 000 pour arrêter.

— Mais tu détruis ma vie ! Celle de mes enfants ! Pourquoi ?

— Parce que je veux que ma mère soit fière de moi. Avec tout cet argent, je vais m'acheter un appartement. »

Je n'en crois pas mes oreilles et lui rétorque :

« Si tu veux qu'elle soit fière de toi, travaille ! Tu ne peux pas prendre l'argent de quelqu'un pour t'acheter un appartement ! »

Plus les minutes passent, plus les prix montent. De 35 000 euros au départ, on passe à 60 000, puis 80 000, 100 000… Où cela va-t-il s'arrêter ?

Je suis dans un état de stress incroyable, en pilotage automatique, je n'ai qu'une obsession : mon piège doit absolument fonctionner. Je n'aurai aucune autre chance. Le blogueur prononce alors une phrase que je n'oublierai jamais, en me regardant droit dans les yeux. Il bâille et me déclare d'une voix molle :

« Ouh là là, tu sais je suis fatigué, excuse-moi j'arrive pas bien à parler, mine de rien faire un gate jour et nuit, pendant quatre nuits, c'est épuisant ! J'ai pas dormi depuis quatre jours, moi ! »

Je reste muette. Ce garçon me fait vivre, au sens propre, un enfer depuis quatre jours, et il se plaint que cela le fatigue…

Puis il finit par exiger 180 000 euros.

« OK, lui dis-je, donc si je te donne 180 000, tu arrêtes de détruire ma vie ?

— Oui », déclare-t-il tranquillement.

Je me lève, et lui dis que je vais imprimer notre contrat. Dès qu'il n'est plus en vue, je supplie mon ami (le « juriste ») d'appeler la police.

Cette fois, c'est bon, j'ai la preuve de la tentative de chantage.

Et ça marche, enfin : les policiers arrivent en trombe ! Le blogueur les regarde sans comprendre. Puis tout va très vite, il est interpellé avec son complice et ils sont embarqués au commissariat du XVIe arrondissement. C'est fini. Alors seulement, je me laisse aller. Je m'effondre en larmes, je sanglote, puis je me relève d'un bond et je hurle toute ma colère. Un cri de délivrance.

En garde à vue, il va tout avouer : c'est vrai, il voulait de l'argent, voilà, c'est tout. Et il aurait – ce sont ses déclarations – été lui-même plus ou moins manipulé par certains. Grâce à l'une de ses amies, d'abord alliée du maître chanteur qui, se rendant compte de l'ampleur hystérique que prenait l'affaire, s'est remise en question et m'est venue en aide – qu'elle en soit ici remerciée – j'apprendrai par la suite que c'est sa notoriété brutale sur les réseaux sociaux qui a profondément fragilisé psychiquement ce blogueur. Il est devenu une « star » de ce monde virtuel, et cela l'a dépassé. Il a brutalement décompensé psychologiquement, et le point d'orgue de sa folie aura été la tentative de chantage qu'il a menée contre moi. D'ailleurs, il l'a menée lors d'un de ses séjours à l'hôpital psychiatrique, séjour au cours duquel il avait pu garder son portable... Il a été réhospitalisé à la suite de sa tentative d'extorsion à mon encontre, et à sa sortie il a tenu à venir s'excuser, pour m'avoir causé autant de torts. J'ai donc fini par lui pardonner et aujourd'hui qu'il va mieux, nous échangeons parfois des messages. Dans le milieu de la téléréalité, de toute façon, on peut difficilement se couper des blogueurs. Il faut savoir composer.

Quoi qu'il en soit, cette affaire aura eu un impact catastrophique sur ma vie, et surtout sur celle de mon mari et de mes filles.

Malgré mon éloignement durant la semaine, nous avions tout fait, pensions-nous, pour préserver nos filles. Mon aînée, Shauna, comme mes deux cadettes, était donc depuis l'enfance scolarisée dans une école juive au règlement assez strict. Jusque-là, cette école était pour elle un véritable cocon. Ma fille vit tout cela très mal, évidemment, mais elle se garde bien de nous raconter ce qu'elle subit, à son père ou à moi. Elle souffre beaucoup, mais comme elle est très secrète, nous ne sommes pas au courant de la moitié de ce qu'elle vit. Il n'empêche qu'à cause de ce harcèlement, Shauna va développer une véritable phobie scolaire. Je comprends à cette période-là ce que représente ma vie professionnelle. Aujourd'hui, ma fille ne veut plus, ne *peut* plus, remettre les pieds dans un établissement éducatif : elle suit les cours de « l'école à la maison ».

J'ai choisi cette profession. Cette voie m'a sauvé la vie. Malheureusement, je sais qu'il y a un prix à payer pour mener cette vie-là.

Quant à mon mariage… Certes, amoureuse de Stéphane, j'avais quitté mon mari. Mais comme je l'ai expliqué, je ne voulais pas qu'il apprenne brutalement que j'étais avec quelqu'un d'autre. Je ne voyais pas l'intérêt de lui faire encore plus de mal, le divorce étant déjà très douloureux pour lui. Que son épouse parte pour un autre était insupportablement humiliant. Cet affront a fait que depuis, nos relations d'ex-époux n'ont jamais pu être, sinon sereines, tout simplement calmes. Et pour la garde des enfants, cela a eu un impact considérable. Depuis cette affaire, ma belle-famille refuse de me parler… Le maître chanteur n'a pas obtenu l'argent qu'il espérait, mais il a réussi à faire que mon divorce se passe mal, très mal. C'est à ce moment-là que j'ai réalisé l'impact des réseaux sociaux sur la réalité.

Hélas, il faut bien le reconnaître, le courage – car j'ai eu du courage – ne protège pas de la cruauté humaine : après cette histoire, d'autres blogueurs ont tenté de me déstabiliser. Ils ont inventé des histoires horribles, allant jusqu'à dire que l'une de mes filles n'était pas l'enfant de mon ex-mari, mais d'un homme avec qui j'aurais couché une nuit. Et que mon ex-mari l'aurait adoptée. Le plus étonnant est que, cette fois-là, le blogueur n'essaye même pas de m'extorquer de l'argent. Bien sûr, tout cela est faux, mais on imagine les conséquences de ces affirmations sur les réseaux sociaux… Les « camarades » d'école de ma fille se plantent devant elle et lui assènent : « Tu sais que ton père c'est pas ton père ? », « Tu sais que tu as été adoptée ? »

Depuis cet épisode, mes filles sont régulièrement suivies par une psychologue.

Récemment, le rappeur Booba m'a choisie comme cible sur les réseaux sociaux. Cela a commencé le 17 mai dernier quand il a publié une plainte que j'avais déposée contre une tierce personne en laissant en évidence mon adresse postale et mon état civil. Puis il a commencé à poster d'anciennes photos de moi avant chirurgie, où je ne suis pas à mon avantage, pour m'humilier publiquement. Ensuite, il a commencé à s'en prendre à ma fille de onze ans, en la traitant, à tort bien sûr, de raciste. Il m'a attaquée sur ma religion, et a été inventé que j'avais tenté de le faire kidnapper par le Mossad… Oui, il a beaucoup d'imagination ! Le problème est que toutes ses absurdités sont prises très au sérieux par ses followers. Il a ensuite incité à boycotter des marques qui avaient travaillé avec Shauna Events. Parfois, il s'agissait même de marques que j'avais utilisées, ou de lieux que j'avais fréquentés, avec qui je n'avais même pas travaillé. Ainsi, de petites entreprises se sont retrouvées harcelées, couvertes d'insultes et de menaces, totalement gratuitement.

Cela fait aujourd'hui deux mois qu'il incite ses cinq millions de followers à me persécuter. Il publie très régulièrement des Tweets mensongers et humiliants. Je reçois, chaque jour, toutes sortes d'insultes et de menaces – notamment des menaces de mort. Parmi ces insultes, énormément de propos antisémites et sexistes. Certains disent qu'ils vont me violer, me tuer, d'autres me suggèrent de me suicider. La « meute » de Booba s'est amusée à divulguer des informations privées, tels que mon adresse et mon numéro de téléphone, mettant ainsi ma sécurité en péril. Mais je ne me laisserai pas abattre. Je refuse de subir. J'ose affronter la situation. Je ferai tout ce qui est en mon pouvoir pour identifier et poursuivre toutes les personnes qui ont tenté de me nuire. À l'heure qu'il est, mes avocats sont en train d'œuvrer sur tous les terrains. Nous prouverons à ceux qui se croient puissants, derrière leurs écrans, qu'Internet n'est pas une zone de non-droit. Ma première victoire est que le président du tribunal judiciaire a ordonné la suppression de l'un des comptes de Booba avec lequel il encourage ses followers à me persécuter.

Heureusement, les choses changent petit à petit. Par exemple, Booba a également prétendu sur Twitter que j'avais tourné une sextape – ce qui est faux, car il ne s'agit pas de moi sur cette vidéo. Mais les followers de Booba se sont empressés de la relayer, tout en m'y rattachant. Cette vidéo a été envoyée à mes proches, me mettant dans une situation extrêmement humiliante qui m'a obligée à me justifier. Ce qui a changé, c'est qu'il y a quelques années, des influenceurs et blogueurs se seraient empressés de relayer cette information. Mais aujourd'hui, beaucoup considèrent qu'il s'agit d'un *buzz* « sale » et ne souhaitent pas entrer dans ces jeux-là…

Voici quelques exemples de commentaires que je reçois quotidiennement :

« Dommage que Hitler ne se soit pas occupé de tes grands-parents. »

« Sale pute de sioniste, toi et ton mari, tu vas voir, regarde bien derrière toi… tic-tac tic-tac ! »

« On va tuer ta maman si tu continues à parler mal de Booba. »

« Jusqu'à ta mort on va te traquer, sale pute. »

« Attention, j'ai ton numéro… Dans quelques jours, je vais tracer ton numéro, je vais savoir où tu es… »

« Tu es recherchée sur Paris, donc arrête tout ça et mets-toi la corde, ça ira plus vite, vieille moche que tu es. »

« J'espère que tu vas te suicider, on veut pas des gens comme vous avec vos mentalités LGBT et compagnie… Allez vous faire enculer, on élève nos enfants comme on veut ! »

« Dégage d'ici imbécile. Quand tu t'attaques au roi, sois préparée avant, grosse pute, on va te suivre jusqu'à ce que tu crèves. Booba passe sa vie à nous protéger, nous les petits Africains. Donc s'il t'attaque, il a forcément une raison. Grosse tchoin, tu n'as rien vu, attends que l'on te chope pour de vrai ! »

« On veut que tu meures, sinon on ne te lâche pas. Suicide-toi avec ta famille ! »

« Nique ta grand-mère, sale pute, tu vas aller la rejoindre, sale sioniste. Tu vas voir cc qu'on fait aux salopes de ton genre. »

4

Oser assumer ses erreurs

Ces chantages, aussi sordides soient-ils, vont pourtant avoir un effet libérateur pour moi. Car le déclic a enfin eu lieu : j'ai décidé que je ne céderai plus jamais à ce type de pression.

Après ce que je viens de vivre, ce que Stéphane et moi avons traversé, main dans la main, je suis prête, nous sommes prêts, à tout encaisser.

Puisque les pires horreurs ont été dites sur mon compte, puisque des « révélations » sur les réseaux sociaux ont brutalement détruit ma famille, cruellement déstabilisé mes filles et humilié leur père, puisque je sais ce qu'être harcelée vingt-quatre heures sur vingt-quatre signifie, par téléphone ou par messages, maintenant… que peut-il m'arriver ? Je ne risque plus rien. Et donc, je ne céderai plus à aucun chantage. Ma devise va être : « Allez-y ! »

Ce qui signifie, en clair : « Si vous voulez "sortir" quelque chose sur mon compte, info comme intox, sachez que je n'en discuterai pas avec vous, je ne vous répondrai même pas. Je ne veux plus subir de menaces, je ne vous paierai pas : inventez ce que vous voulez ! »

J'affronterai les insultes, les intox comme les vérités, et si j'ai fait une erreur j'expliquerai pourquoi et je demanderai qu'on me pardonne… Mais je ne subirai plus ce type de pression.

Et depuis, c'est ce que je fais : chaque fois – et c'est arrivé hélas souvent – que l'on m'a menacée de « révéler » une sale info ou un montage grossier de mensonges, j'ai répondu : « Allez-y, faites ce que vous avez à faire : je ne vous paierai pas. »

Ce principe m'a été évidemment très utile, et pas seulement à moi : il m'a donné une sorte de « colonne vertébrale » dans ma façon de gérer mon entreprise, et je l'applique dorénavant à tous mes talents, qu'ils soient candidats de téléréalité comme influenceurs, animateurs ou artistes. Quand l'un d'entre eux est soumis à un chantage financier, je lui dis : « Ne paye pas. Car si tu payes une fois, tu paieras toute ta vie. »

Car, oui, cela arrive souvent. Je sais que nombre de lecteurs vont être surpris et, je présume, indignés d'apprendre cela. Mais il faut en avoir conscience : en 2022, toute personne qui commence à avoir un peu de notoriété sur les réseaux sociaux prend des risques, particulièrement si elle fait partie du milieu de la téléréalité ou de celui de YouTube et des influenceurs.

Voici donc ce que je conseille à « mes » talents, lorsqu'ils font appel à moi, souvent en urgence, paniqués, parce qu'un maître chanteur vient de les menacer, en privé ou en public, de révéler une affaire ou une histoire les concernant. En premier lieu, je leur conseille : « Ne réponds pas. Aucun signe. »

Puis j'enchaîne : « Et devance-les : balance toi-même cette information, si c'en est une, ou cette intox, sur tes comptes Instagram, Twitter, Snapchat ou autres. Tu vas ainsi prendre les harceleurs de court, les désarmer. »

Et lorsqu'ils se crispent et me disent : « Quoi ? Mais je ne peux pas ! C'est horrible ! Je ne veux pas que ça se sache, ça va foutre le bordel dans ma vie, mon couple, etc. »

Je leur réponds : « Tu n'as pas le choix : fais-le, et ainsi tu garderas la main sur la publication. Si tu assumes, tu resteras maître du jeu, puisque tu choisiras où et quand tu le publieras, et que cela te donnera le temps de te retourner pour anticiper tous les problèmes que cette révélation va susciter. Si tu ne le fais pas, si tu restes muet, terrorisé, à prier pour que rien ne sorte, ce sont eux qui donneront le tempo, et qui vont tout révéler en choisissant le moment qui les arrangera le plus. Enfin, t'exprimer toi-même te permettra d'expliquer le contexte de la situation car les histoires sont souvent déformées ou sorties de leur contexte. »

Ils m'écoutent, bien sûr, mais je lis souvent dans le regard de certains qu'ils se posent cette question : « Et si Magali avait tort ? Si je payais ? Peut-être que ça marcherait, qu'ils me laisseraient tranquille ! Après tout, la tranquillité n'a pas de prix. »

Mais en réalité, on n'est jamais vraiment tranquille. Même si l'on s'arrange avec la personne pour qu'elle ne sorte pas l'information, même en la payant, on est sûr à 80 % que cette personne la revendra à un autre blogueur – de cette manière, nous ne pourrons pas lui reprocher de l'avoir divulguée !

Alors, je leur explique combien ils se trompent. Pourquoi il ne faut jamais, absolument jamais, céder à un maître chanteur. Je leur raconte ce qui m'est arrivé, à moi, en ne leur dissimulant aucun détail. Je leur avoue à quel point, avant que Shauna Events ne décolle, les petits chantages avaient déjà miné ma relation avec mon mari. Et surtout, à quel point l'entreprise de déstabilisation du blogueur a bouleversé mon existence, et que j'aurais même pu laisser ma peau dans cette chambre d'hôtel, quand toutes les deux heures, le blogueur s'en prenait à ma vie, à ma famille, à tout ce que j'avais de plus cher. Enfin, je leur confie combien, aujourd'hui, je me sens soulagée d'un poids énorme, à quel point je suis libérée, depuis que j'ai osé, pour la première fois, dire non à celui qui voulait m'extorquer de l'argent.

La plupart du temps, mon exemple suffit à convaincre mes candidats. Je leur explique qu'il faut assumer ses erreurs, que je ne dissimule pas les miennes, et que nous ne devons pas en avoir honte. Que nous sommes des personnages publics, des personnages faillibles, comme ceux qui nous suivent sur les réseaux sociaux, comme tous les êtres humains. Je les coache, je leur enseigne comment lancer leurs révélations sur leurs réseaux sociaux. Ce qui est d'ailleurs d'une simplicité enfantine : ils ont simplement à livrer leur vérité et à la dire humblement : « Voilà, les amis, j'ai une histoire à vous raconter : j'ai fait ça, puis ça, et encore ça. Et je vais vous expliquer pourquoi je l'ai fait. »

C'est ce qui est arrivé à plusieurs de mes candidats. Mais je n'entrerai pas dans les détails, car je n'ai pas l'intention de révéler quoi que ce soit de la vie des personnes que je gère ni de celles qui ont pu se confier à moi en toute sincérité et discrétion, et pas non plus de celles qui ont quitté mon agence. C'est mon éthique. On ne crache jamais dans la soupe : je nourris mes candidats comme eux-mêmes me nourrissent ou m'ont nourrie.

Récemment, j'ai dû organiser un rendez-vous avec des maîtres chanteurs dont était victime un influenceur. Je souhaitais leur parler, les yeux dans les yeux, afin de leur expliquer qu'ils pouvaient tout à fait, s'ils le souhaitaient, révéler « leurs informations », mais que jamais ni ce candidat ni moi-même ne leur donnerions un centime. Et que, en revanche, nous allions évidemment porter plainte contre eux... Fin de l'histoire.

Quoi qu'il en soit, je conseille bien entendu à tous ceux de mon équipe d'être prudents lorsqu'ils font la connaissance d'inconnus. Mais ils sont jeunes, ils ont le droit de profiter de la vie, de danser, de s'amuser, et ils ne seront, je le sais, jamais complètement à l'abri de personnages dénués de scrupules et avides d'argent. Alors la ligne à tenir est simple : lorsqu'on est un personnage public et que l'on commet une erreur, si l'on se retrouve en mauvaise posture, il faut l'assumer publiquement. Les gens ont souvent de l'indulgence, voire de la compassion, pour ceux qui osent dire la vérité, car nous sommes tous faillibles, et chaque être humain a vécu des expériences dont il n'est pas très fier. Voici ce que je leur répète :

Oser assumer ses erreurs

« Plutôt que de vouloir effacer les erreurs que vous avez pu commettre, avouez-les : soyez un exemple pour vos abonnés en assumant vos fautes, et en prouvant que vous en avez retiré une expérience… »

5

Oser être sincère

La téléréalité peut être un tremplin pour devenir influenceur. Mais après une participation à une téléréalité, il faut savoir exister sur les réseaux sociaux. Lorsqu'un candidat participe à une émission, il est entouré. C'est une « communauté » dans laquelle chacun alimente l'émission. Mais sur les réseaux sociaux, il faut avoir les capacités de faire vivre son propre univers. Seuls face à leurs propres caméras, les influenceurs décident de ce qu'ils veulent montrer. Le métier d'influenceur devient alors la continuité de leur carrière à la télévision.

Sur sa page, l'influenceur (ou l'influenceuse) sera scruté(e), admiré(e), suivi(e), imité(e) par des milliers, voire des millions de followers. Les marques vont donc s'intéresser à lui, à elle, et le ou la rémunérer pour qu'il ou elle leur fasse de la publicité, par exemple en faisant la promotion de leurs produits dans ses stories sur Instagram.

C'est le métier que j'ai développé en France, et c'est un *business model.*

Quand un blogueur marche bien, quand un candidat de téléréalité est à la mode, il n'y a aucun problème : il « fait des vues », ses réseaux sociaux « montent », comme on dit dans notre jargon. Les marques, petites ou grandes, font appel à lui. Elles le contactent pour qu'il fasse la publicité d'un ou plusieurs de leurs produits au moyen de vidéos dans lesquelles l'influenceur utilisera ce produit, en vantera les mérites, donnera sincèrement son ressenti sur lui qu'il mettra en ligne sur Instagram, par exemple. L'influenceur lui-même a un moyen très simple de faire son autopromotion à la fin de sa story ou de sa vidéo, il écrit un message de ce style : « Pour toute demande de partenariat sur mes réseaux, contactez-moi par mail. »

Pour être choisis, par exemple, par des e-commerçants, ils doivent avoir une communauté engagée. Une communauté engagée signifie que, peu importe le nombre de followers, ceux-ci vont être « actifs » : ils vont regarder les stories de l'influenceur, liker ses posts, être réellement présents. Un influenceur qui a 100 000 abonnés peut avoir un taux d'engagement plus important – c'est-à-dire faire plus de vues et de likes – qu'un influenceur suivi par un million de personnes.

Au début, tous les candidats de téléréalité fonctionnaient sur les réseaux sociaux. Aujourd'hui, ce n'est pas parce qu'une personne fait de la téléréalité que sa communauté sera développée et engagée sur les réseaux. Cela n'a plus rien à voir avec le fait d'avoir participé à une émission de télé ou pas.

Avant, quand la téléréalité s'arrêtait, il n'y avait rien après. Lorsque j'ai commencé à prendre des candidats sous mon aile, la télé est finalement devenue le « début » de leur carrière sur les réseaux sociaux. Cela marchait presque à tous les coups.

Mais devenir influenceur après avoir participé à une émission n'est plus aussi simple. Ceux qui savent manier les réseaux sociaux se reconvertissent en influenceurs et n'auront plus forcément besoin de participer à des émissions de téléréalité pour gagner leur vie.

Il arrive, bien sûr, que la notoriété décline, et que l'influenceur intéresse moins les sponsors… Comment ne seraient-ils pas inquiets ? Au début, certains influenceurs tentaient de faire le buzz pour retrouver une notoriété perdue. Cela a également été le cas des blogueurs qui, prêts à tout pour un instant de gloire ou pour une rémunération, partageaient des informations dégradantes à propos des influenceurs. Aujourd'hui, les choses changent. Les acteurs des réseaux sociaux ne sont plus dans le buzz. Le public cherche moins le scoop. Il cherche davantage le « naturel ».

Les influenceurs partagent un quotidien moins pailleté, se montrent sans maquillage… D'ailleurs, le naturel n'a rien à voir avec la chirurgie esthétique ! Un influenceur peut tout à fait décider de réaliser des opérations de chirurgie à cause d'un complexe sans pour autant être une personne superficielle. Les influenceuses ne cachent plus leurs opérations : elles partagent les avant/après, leur convalescence… C'est aussi ça, être naturel : montrer la réalité, sans camouflages, sans artifices. Les influenceurs qui se tournent vers ces principes plus naturels attirent davantage de followers que ceux qui décident de rester dans le « bling-bling ». Grâce à ce type de reconversion, un influenceur en chute libre peut remonter petit à petit la pente et attirer un nouveau public. Même si certains cherchent encore à alimenter leur notoriété en faisant du *bad buzz*, ils savent que ce n'est pas une notoriété saine – et donc une notoriété qui attirera les « bons » followers et les sponsors.

Aujourd'hui on m'appelle la « reine des réseaux sociaux » et, sans me vanter, je pense être une spécialiste reconnue, l'une des personnes qui connaît le mieux les vertus et les vices des réseaux sociaux. Ce monde, parfois brutal, je le maîtrise. Mon expérience fait que je sais exactement quand et comment une info lancée sur les réseaux peut prendre un essor vertigineux et faire exploser une réputation. Je sais comment me comporter en cas de buzz, comment agir si moi ou l'un de mes candidats a fait une erreur. Je ne cède plus à aucune pression ni chantage et, en me professionnalisant, je me suis entourée d'avocats. Il faut dire que les techniques des maîtres chanteurs se sont affûtées avec le temps et l'évolution de la notoriété de mes candidats. Ainsi, comme je l'ai relaté dans le chapitre précédent, des blogueurs tentent parfois de me faire chanter en tant qu'agente, en menaçant de révéler quelque chose, non pas directement sur moi, mais sur l'un des candidats que je représente. Ou bien ils me promettent de ne pas livrer d'informations désobligeantes à mon propos si en échange je leur donne quelques détails croustillants concernant l'un de mes candidats. Ou bien, encore plus démoniaque, ils me proposent de leur révéler des informations, souvent négatives, sur l'un de mes protégés, et me promettent en échange de ne pas jeter un autre de mes candidats en pâture sur les réseaux sociaux…

C'est vrai, les candidats de téléréalité, les influenceurs naviguent souvent dans un monde hostile, un véritable cloaque parfois, et c'est très déstabilisant. Mais ils ne sont pas les seuls. Aujourd'hui, n'importe qui peut écrire n'importe quoi sur les réseaux sociaux les plus consultés. Que risque-t-il ? Le cyberharcèlement est considéré comme une circonstance aggravante du harcèlement moral, délit prévu et réprimé par l'article 222-33-2-2 du Code pénal. Au pire, le cyberharceleur encourt une peine de trois ans d'emprisonnement et de 45 000 euros d'amende. Encore faut-il qu'il soit identifié…

Pourtant, serait-ce vraiment si compliqué de réussir à protéger un peu mieux les utilisateurs des réseaux sociaux des insultes et des provocations ? J'ai fait appel plusieurs fois aux pouvoirs publics afin qu'ils se penchent sur la question. Car certes, un secrétariat d'État chargé du Numérique a existé, mais ce n'est plus le cas aujourd'hui… Et si moi, avec ma carapace, mes contacts, mon entregent, mon argent, j'ai bien failli me foutre en l'air à l'époque du Berdahgate, alors comment les jeunes qui débarquent sur les réseaux pourraient-ils se protéger ? Sur Instagram, Snapchat, Facebook, Telegram, TikTok… on peut ouvrir quarante-cinq comptes à des noms différents et attaquer une personne avec ces quarante-cinq comptes. La victime recevra des dizaines, des centaines d'insultes ou même de menaces de mort de la part de quarante-cinq personnes différentes… À ce rythme-là, cent personnes peuvent alimenter quatre mille cinq cents comptes… On imagine à quelle vitesse le harcèlement en ligne peut se transformer en tsunami !

Dire la vérité, bien sûr, reconnaître ses erreurs ne suffit, hélas, pas toujours à calmer le jeu, et même pour un adulte, le harcèlement en ligne est très difficile à supporter. On sait qu'il peut mener au drame. Oser assumer ses erreurs, comme je le recommande, doit aller de pair avec un mental d'acier, car il faut être capable de résister au déferlement de critiques qui s'ensuivront, quoi qu'il arrive, même si ces critiques sont souvent moindres que lorsque l'on triche et que l'on n'assume pas de s'être trompé. Les gens fragiles, les adolescents, voire les enfants… Comment pourraient-ils gérer ce déferlement de haine ?

Partout dans le monde, des suicides d'influenceurs ou de youtubeurs sont rapportés. Chaque fois, d'ailleurs, on invoque le fait que ces influenceurs étaient « dépressifs ». Mais l'étaient-ils avant d'être harcelés par des centaines de followers, de *haters* (« les haineux » en anglais, par extension le qualificatif qu'on donne à ceux qui harcèlent les habitués des réseaux sociaux) ?

En Chine, la jeune Luo Xiao Mao, vingt-cinq ans, suivie par 678 000 followers, s'est donné la mort en direct sur Douyin, le TikTok local, en ingérant des pesticides. Certains de ses followers l'ont même encouragée à boire son cocktail de poison plus rapidement !

Plus près de nous, le 22 décembre dernier, la youtubeuse de trente-deux ans MavaChou (Maëva Frossard), mère de quatre enfants, s'est suicidée. Sa très triste histoire pourrait illustrer à elle seule le farouche revers de la notoriété en ligne, la violence potentielle des réseaux sociaux, l'inertie des plateformes qui les hébergent et la frilosité de la justice à se saisir des problèmes de cyberharcèlement.

MavaChou a d'abord été une youtubeuse célèbre pour ses chroniques familiales. En 2015, installée en Meurthe-et-Moselle avec son mari Adrien, le père de ses quatre enfants, elle lance un *vlog* (contraction de vidéo et de blog). Elle y fait vivre sa quatrième grossesse et son quotidien de mère de famille nombreuse. Des dizaines de milliers de personnes suivent ces vidéos, la regardent faire ses courses dans un supermarché ou superviser les devoirs de ses enfants. MavaChou est très dynamique, pleine d'humour, elle multiplie les grimaces, prend la vie en chantant, elle rit sans arrêt et fait beaucoup rire les mères de famille qui l'adorent. Comme tous les influenceurs, son mari et elle sont rémunérés par les publicités qui entrecoupent leurs vidéos.

Deux ans plus tard, repérée par une société de production, elle participe à l'émission *On a échangé nos mamans* sur la chaîne NT1. Le couple devient alors célèbre et récolte très rapidement plus de 200 000 abonnés. Mais parmi eux, une partie déjà ne semble les suivre que pour se moquer d'eux… Et vont se transformer en harceleurs après que le couple annonce sa séparation en janvier 2020. D'autant qu'Adrien, le futur ex de Maëva, lui forge dès lors dans ses vidéos une réputation de mère immature et égoïste. De son côté, elle reconnaît avoir trompé son mari. Les attaques contre elle deviennent alors virales et dégénèrent, avec les mêmes conséquences désastreuses pour ses enfants que pour mes filles : leur école reçoit des appels anonymes, des menaces. Sur les réseaux apparaissent même des accusations de pédophilie. Maeva prend peur, d'autant que son ex participe toujours activement aux rumeurs. Il laisse croire que leurs enfants seraient en danger avec leur mère et avec Romain, son nouveau compagnon. Des centaines de comptes vont relayer ces accusations, s'attaquer à Maëva en tant que mère, la menacer ainsi que Romain. On les accuse de maltraiter les enfants. Les rumeurs enflent si fort que les gendarmes finissent même par perquisitionner la maison de MavaChou et par embarquer des ordinateurs… Sur les réseaux, la youtubeuse et son compagnon sont comparés à Michel Fourniret (tueur en série et pédocriminel) et à Myriam Badaoui (condamnée pour sept viols d'enfants dans l'affaire des accusés d'Outreau).

Certains jours, jusqu'à mille messages de haine sont postés contre elle. Puis, menace à peine voilée, des photos de la rue où Maëva et Romain vivent apparaissent sur les réseaux sociaux. La voiture de Romain y est aussi photographiée, et il panique. On le comprend : que le harcèlement en arrive à ce niveau est à la fois surréaliste et effrayant. À partir de là, la youtubeuse va sombrer dans la dépression, sur fond de conflit entre ex-conjoint et harcèlement des haters. Selon son compagnon et ses amis proches, les dix derniers mois avant le suicide de Maeva, les menaces et les insultes n'ont jamais cessé.

Entre 2020 et 2021, la youtubeuse aura déposé plainte à cinq reprises pour « harcèlement » ou « diffamation », et selon son avocat, juste avant sa mort, contre son ex-mari et contre X pour harcèlement moral et provocation au suicide. Dans une interview pour le magazine de TF1 *7 à 8*, quinze jours avant sa mort, Maeva déclare : « C'est une vague et c'est indélébile. Internet, ça ne s'effacera pas, ces commentaires. Quand on tapera mon nom, finalement on pourra toujours retrouver ça. C'est dégueulasse. »

Je garde en mémoire son regard lorsqu'elle prononce ces mots : il est absolument désespéré.

Romain expliquera dans les journaux que, peu de temps avant son suicide, Maëva lui répétait : « Personne ne va m'aider. »

Elle avait raison, hélas. Mais comment est-ce possible ? Comment les plateformes n'ont-elles pas réagi ? Comment la justice a-t-elle pu laisser traîner cinq plaintes avec autant de légèreté ? Comme pour les femmes battues, faut-il attendre un suicide ou un assassinat liés au harcèlement en ligne pour qu'il se passe enfin quelque chose ?

C'est donc Romain, le compagnon de Maëva depuis un an et demi, qui a trouvé son corps sans vie le 22 décembre 2021. Deux jours avant un Noël que ses quatre enfants de cinq, sept, huit et onze ans ne passeront plus jamais avec leur mère.

À l'annonce de sa mort, des dizaines d'anonymes, vraisemblablement tous haters, ont effacé à la hâte leurs comptes des réseaux sociaux : leur a-t-il fallu la mort de celle qu'ils harcelaient pour se rendre compte que ce n'était peut-être pas une bonne idée ? Ont-ils au moins culpabilisé ? Pas sûr. Beaucoup d'entre eux ont simplement craint d'être identifiés et poursuivis en justice. C'est tout ce que je leur souhaite : grâce aux captures d'écran et aux signalements faits au temps où Maëva était en vie, grâce aussi, peut-être, aux informations qui seront données par ses fans, j'espère qu'au moins quelques-uns paieront pour ce déferlement de haine qui a conduit une mère de famille au suicide. Bien sûr, cela ne la ramènera pas sur Terre, mais au moins ses enfants grandiront-ils en sachant que justice a été rendue à leur mère. Et cet exemple servira peut-être de leçon à tous ceux qui se sentiraient prêts à aller aussi loin dans le harcèlement.

Sur cette affaire, je laisse le mot de la fin à l'avocat de Maëva : « Aujourd'hui, pour moi, cela s'apparente à un homicide des temps modernes, a-t-il déclaré à l'Agence France Presse. Vous pouvez tuer quelqu'un avec quelques paroles, des fausses informations et du harcèlement [...]. Il faut absolument que les pouvoirs publics réagissent, durcissent les législations, donnent les moyens aux services d'enquêteurs d'identifier les harceleurs qui sont des lâches, écrivent derrière leur écran et se sentent tout-puissants, il faut que la peur change de camp », a-t-il conclu.

Cette abominable histoire, j'en ai longuement discuté avec Élisabeth Moreno avec qui je suis restée en contact. Je lui ai expliqué que les harceleurs ont aujourd'hui un pouvoir sur les réseaux sociaux beaucoup plus grand que les influenceurs eux-mêmes. Et qu'il me semblait absolument inacceptable que les plateformes ne réagissent pas au harcèlement moral en ligne sur leurs propres entités. Elle aussi a décidé de lancer un coup de pied dans la fourmilière pour faire éclater la scandaleuse et coupable apathie des plateformes Snapchat, Instagram, YouTube et autres.

Faire que la peur change de camp : c'est aussi dans ce but que j'écris ce livre. Je veux témoigner, et j'ose croire que je peux apporter ma pierre à l'édifice, aider à réglementer les réseaux sociaux et être un témoin de ce qui s'y passe aujourd'hui. Pour lutter contre le harcèlement en ligne, les plateformes devraient avoir un service de régulation beaucoup plus strict. Et c'est entre autres pour évoquer ce sujet que j'ai contacté plusieurs membres du gouvernement.

6

Oser aller là
où l'on ne vous attend pas

Le mercredi 8 décembre 2021, j'emmène cinq de mes candidates à un rendez-vous important : nous sommes attendues au ministère de l'Intérieur par la ministre déléguée chargée de la Citoyenneté, Marlène Schiappa.

Ce rendez-vous, je l'ai demandé par écrit à la ministre il y a plusieurs mois. Cela fait un moment que je réfléchis à une implication possible des influenceuses que je représente pour tenter de lutter contre les causes qui leur sont importantes. Je pense que chacun peut soutenir une cause qui le touche d'une manière ou d'une autre en fonction de son vécu. En vue de cet échange, je me suis préparée avec concentration, comme toujours dans ma vie professionnelle. J'ai demandé à l'ensemble de mes influenceuses qui souhaitait m'y accompagner, et les cinq premières à m'avoir dit qu'elles étaient disponibles et très intéressées sont Neverly (@neverlyparis) révélée dans la saison 8 des *Princes de l'amour*,

Léna Guillou (@lenoutsa) des *Marseillais*, Isabeau Delatour (@isabeau. delatour) candidate des *Princes et Princesses de l'amour*, Maissane Aghioul (@maissane.agl) des *Marseillais* et Victoria Mehault (@victoria_mehault) des *Marseillais* également.

Pourquoi elles ? Avant tout parce que ce sont des femmes. Des femmes qui se sentent solidaires de celles qui sont en butte à la violence, souvent à la violence des hommes mais aussi à celle de la société. Elles se sentent concernées. Or, et c'est là le plus important, à elles seules elles drainent plusieurs millions de followers. Elles peuvent toucher des gens que les médias traditionnels n'atteignent pas. Elles peuvent faire passer des messages sur leurs réseaux sociaux.

J'aurais pu, bien sûr, inviter également d'autres figures de la téléréalité, d'autres youtubeuses, d'autres candidates que je représente, mais nous ne pouvions pas y aller à quinze…

Bien évidemment, ces jeunes femmes sont très excitées lorsque nous partons toutes ensemble dans la voiture de Shauna Events avec notre chauffeur. Elles rigolent, elles inventent des chansons, assez drôles, sur Marlène Schiappa… Elles sont elles-mêmes. Et c'est parce qu'elles sont fraîches et franches que leurs abonnés les adorent. L'atmosphère est donc très bon enfant. J'ose le dire : elles sont toutes les cinq à la fois très fières d'être invitées au ministère de l'Intérieur par une ministre, et très conscientes du rôle important qu'elles peuvent avoir à jouer. Car, oui, elles sont jeunes et elles sont joyeuses, mais elles savent aussi être sérieuses lorsqu'il le faut.

Aussi, lorsque nous pénétrons dans la grande cour du ministère, je les sais impressionnées, et franchement je le suis moi aussi ! C'est la première fois que je m'y rends.

Un appariteur nous installe dans une vaste salle, devant une longue table sur laquelle sont disposés des sets de table, des verres et des petites assiettes pour une collation à venir. Au-dessus de nos têtes, le portrait républicain du chef de l'État. Je reprends gentiment Neverly qui parle de « Manu » : attention, dans un ministère on n'a pas à être familier quand on parle du président de la République ! Elle se reprend : « Emmanuel Macron est au-dessus de nous ! », rit-elle en montrant le portrait.

Nous nous installons à table, les filles sont très joyeuses, et en attendant la ministre, elles poussent la chansonnette. Neverly se lève et esquisse quelques pas de danse sur l'air de : « Qu'est-ce qu'on rigole chez Marlène Schiappa, tu veux des cocktails, eh ben y en a pas ! »

De même que nous avons posté la vidéo qui les montraient dans le taxi, tout excitées, allant au rendez-vous, nous postons les vidéos de leur chanson et de la danse de Neverly. À aucun moment, je ne le leur déconseille, au contraire : elles s'amusent et elles amusent celles et ceux qui les suivent. Si ces filles drainent des millions de followers, c'est justement parce qu'elles sont pétillantes, dynamiques en toutes circonstances. Pas question de leur demander de renoncer à leurs élans naturels, ça n'aurait aucun sens ! Pourtant, les vidéos ne sont pas bien reçues. Nous sommes toutes déçues des commentaires négatifs. Car les filles, qui étaient fières d'être traitées à leur juste valeur, ravies d'être utiles, venaient en toute bienveillance. Elles ont été, par certains, prises de haut, méprisées par des personnes qui leur donnaient des leçons de morale… Chacun est différent, c'est ce que l'on appelle la diversité, et cette diversité a besoin de tolérance.

La ministre arrive, accompagnée de ses deux conseillers. Très souriante, elle nous salue, nous présente ses collaborateurs, s'installe, et nous nous présentons lors d'un rapide tour de table. Mes candidates expliquent comment elles sont devenues des personnalités publiques, et moi comment j'ai réussi à monter ma société et à arriver là où j'en suis, sans jamais renoncer à me battre. Nous évoquons les causes qui nous touchent et pourquoi nous souhaitons nous engager, pas seulement contre les violences faites aux femmes, mais aussi contre le harcèlement sur les réseaux sociaux, l'homophobie, le racisme, l'antisémitisme… Nous évoquons rapidement nos vies, nos expériences.

Puis, la ministre nous explique quels outils elle a lancés pour venir en aide aux femmes victimes de violence, entre autres le 3919, numéro d'appel gratuit, Astrée, la plateforme de signalement en ligne des violences sexistes et sexuelles pour faciliter les plaintes, un outil de géolocalisation des places d'hébergement d'urgence, etc.

Très rapidement, nous échangeons sur la manière dont nous pourrions, nous six, mes influenceuses et moi-même – et les autres qui n'ont pu être là mais se sentent très concernés, femmes et hommes – être utiles dans ce combat-là. Évidemment, pour la ministre, le fait que nous ayons de très nombreux abonnés à nos réseaux sociaux est un atout majeur : en une seule story, en un seul partage, chacune peut atteindre plusieurs centaines de milliers de personnes… Et combien, parmi ces centaines de milliers, sont susceptibles d'être victimes ou proches de victimes de violence ? Impossible de le savoir exactement, mais statistiquement, le chiffre doit être important. En tout cas, aux yeux de la ministre, dans cette lutte contre la violence, nous pouvons être un atout, c'est évident. Nous discutons aussi de la possibilité de créer un ministère des Réseaux sociaux. J'explique à Marlène Schiappa à quel point la situation est grave, et que pour moi c'est un véritable engagement, un devoir civique. Je lui donne des exemples nous concernant toutes les six pour qu'elle ait une vision globale de la violence à laquelle sont exposées les candidates de téléréalité et les influenceuses, qui sont des jeunes filles comme les autres, uniquement parce qu'elles ont acquis une « visibilité » sur Internet. Manifestement, Marlène Schiappa n'est pas surprise : elle sait exactement à quel point le harcèlement sur les réseaux sociaux peut être violent : les insultes, elle connaît par cœur pour en être elle-même victime... Sans doute parce qu'elle est une femme qui s'assume et qui s'exprime, la ministre est, depuis le premier jour de sa nomination, très controversée et la cible de toutes les accusations, moqueries et menaces, y compris menaces de mort. Nous ne lui apprenons donc rien, en revanche elle est sensible à notre désir de nous investir. Je lui détaille le traumatisme que mon cyberharceleur m'a fait subir durant des jours, lorsqu'il racontait des horreurs sur moi et jetait mon numéro de téléphone en pâture sur les réseaux sociaux. Et comment j'ai essayé en vain de contacter les plateformes, Instagram, TikTok, Telegram, où personne ne m'a jamais répondu. Que tous mes influenceurs et influenceuses également victimes de harcèlement ont subi le même sort et se sont retrouvés désemparés, abandonnés à leur sort, subissant des attaques parfois d'une cruauté sans nom, voire des menaces, sans pouvoir réagir, sans trouver aucune réponse auprès des plateformes... Peut-être parce que nous, gens de téléréalité, nous ne les intéressons pas. Nous sommes traités avec un grand mépris. Il est tout de même étonnant, pour ne pas dire plus, qu'une personne publique puisse avoir des milliers, voire des millions de followers, mais aucun interlocuteur en cas de problème ! Nous évoquons plusieurs pistes d'évolution possibles. Nous avons toutes conscience que cela prendra du temps. Mais il faut absolument bouger.

La réunion dure deux heures, et pas une seconde l'une de nous n'a eu l'impression de perdre son temps.

L'essentiel, c'est que Marlène Schiappa nous ait listé toutes les mesures déjà prises par le gouvernement pour lutter contre les violences faites aux femmes et nous fasse suivre les liens et les sites qui s'y rapportent.

Certaines influenceuses les relaient immédiatement sur leurs réseaux, d'autres le feront un peu plus tard, à tête reposée.

En tout cas, trois jours plus tard, une association de lutte contre les violences faites aux femmes me contacte : ses responsables ont créé une application d'aide pour les victimes, tout à fait fonctionnelle, et je la fais partager par les cinq influenceuses qui étaient présentes. En vingt-quatre heures l'application est téléchargée plus de 1 500 fois…

Nous sommes venues au ministère, invitées par la ministre, pour ce que nous sommes : des influenceuses. Pas des intellectuelles ni des politiques, même si l'un n'empêche pas l'autre. Mais le fait de ne pas être des intellectuelles ne fait pas de nous des dindes, et Marlène Schiappa l'a bien compris, elle. Ce ne sera pas le cas de tout le monde et, si je tiens à en parler dans ce livre, c'est parce que cet épisode révèle crûment à quel point la société est parfois cadenassée dans des schémas et des codes qui, si on ne résiste pas, enferment les femmes dans une image stéréotypée. Et donc dangereuse pour elles.

Durant la réunion, et au vu et au su de la ministre et de ses conseillers bien sûr, certaines de mes candidates, dont Victoria Mehault, NeverlyParis, Isabeau Delatour, Lenoutsa et Maissane, ont donc posté en direct sur YouTube et sur leurs comptes Instagram, Snapchat et Facebook les liens donnés par Marlène Schiappa comme http://arretonslesviolences.gouv.fr.

Le lendemain matin, un collaborateur de l'émission *Touche pas à mon poste* (*TPMP*), sur C8, dans laquelle je suis chroniqueuse depuis plus de quatre ans, m'appelle : les stories et vidéos mises en ligne par mes influenceuses et moi-même ont fait un buzz incroyable. Je découvre nos stories partout dans la presse.

Certains commentaires sont très bienveillants, on nous félicite d'avoir mis notre visibilité au service de causes urgentes et graves. D'autres sont très insultants : on nous rabaisse et on décrédibilise Marlène Schiappa. Suite à ce buzz sur les réseaux sociaux, Cyril Hanouna veut donc nous proposer de venir sur son plateau, une influenceuse et moi : je propose à Victoria de m'accompagner. Elle est tout de suite partante, même si elle est un peu anxieuse à l'idée de devoir affronter certains chroniqueurs qui ne sont pas tendres. Je la rassure car je n'imagine pas que l'on puisse vraiment condamner notre initiative, qui a le mérite d'être concrète, pragmatique et surtout bienveillante…

Mais je me trompe ! Dès que l'émission démarre, nous sommes violemment prises à partie, mes candidates et moi, mais plus encore Marlène Schiappa et le gouvernement en général, par Oliv Oliv, le « citoyen engagé » qui est souvent présent à *TPMP*. Il déclare d'abord que nous sommes « le club Dorothée », ricane en lançant que « *Les Anges de la téléréalité* vont bientôt être tournés à l'Élysée », alors que « des associations et des gens beaucoup plus sérieux » ne sont, eux, pas reçus au ministère… Car la ministre, selon lui, préférerait recevoir « des demeurées sans cervelle ». Prendre en pleine figure ce genre de réflexion sur un plateau de télévision, devant plus d'un million de téléspectateurs, est inacceptable et d'une violence inouïe. Qui peut se permettre de mépriser des femmes en raison de leur physique et de leur notoriété ? Malheureusement, c'est ce que nous vivons tous les jours. S'adressant à Victoria, il ajoute que cela lui fait « mal au ventre de la voir sourire » lorsque Cyril repasse les images des blagues et de la chanson que nous avons mises sur nos réseaux sociaux.

Victoria le reprend : « Attendez, on a le droit de se détendre aussi, hein ! Bien sûr qu'on a parlé de sujets importants, vous n'étiez pas là ! »

Et elle explique à Cyril Hanouna qui l'interroge que, bien sûr, nous avons évoqué des sujets importants avec la ministre, mais qu'elle et ses copines n'ont pas « tout filmé », car elles n'ont pas passé la soirée sur leur téléphone. Oliv Oliv, lui, nous accuse toujours de « renvoyer une image de merde » et « d'être ridicules ».

Il est très méprisant et je lui fais remarquer qu'avec sa façon de parler de nous, il rabaisse les femmes en général, et les jeunes femmes en particulier. Il est volontairement blessant.

Il est pourtant le premier à critiquer les candidates de téléréalité et les influenceuses parce que, selon lui, elles « ne font rien » pour la société, et sont donc inutiles. Manifestement, cela lui convient encore moins lorsque nous agissons, surtout si cette action nous rend plus visibles. Or il est bien évident que lorsque des influenceuses rencontrent une ministre, quelle qu'en soit la raison, cela fait du buzz. Même, voire surtout, si c'est pour échanger avec elle sur un sujet douloureux, en l'occurrence les violences faites aux femmes.

Victoria Mehault, qui est donc présente sur le plateau de *TPMP*, est une personnalité de la téléréalité et elle a bien conscience que son rôle est de divertir les téléspectateurs. Participer à une émission de divertissement, est-ce honteux ? Victoria a plus d'un million de followers sur Instagram et autant sur Snapchat. Cela signifie que, potentiellement, des centaines de milliers d'abonnés à ses comptes vont ouvrir les liens internet qu'elle a postés à peine la réunion terminée…

Des femmes – et des hommes, car ils sont aussi concernés – vont, grâce à ces liens, avoir accès à une information qu'elles ignoraient peut-être : comment agir si elles sont victimes de violence ? Ou si elles en sont témoins ? Vers qui doivent-elles se tourner ? Sont-elles légitimes pour porter plainte ? Et si oui, quand, où, auprès de qui ?

Sur *TPMP*, le *liner* (le sous-titre) de cette partie de l'émission est « Des candidates de téléréalité ont-elles vraiment leur place dans un ministère ? »

Moi, Magali Berdah, j'ose répondre : oui. Oui, des jeunes femmes qui ne sont ni des politiques, ni des responsables d'associations, ni des artistes, ni des intellectuelles, oui, ces jeunes femmes qui ont entre vingt et trente ans, qui sont souvent issues de milieux modestes, qui ont parfois suivi des études supérieures, et parfois n'ont même pas le bac, qui aiment rire, s'habiller à la mode et se sentir belles et naturelles et qui se montrent telles qu'elles sont, oui, ces jeunes femmes qui sont suivies, scrutées, par des millions de followers sur les réseaux sociaux, sont légitimes pour répondre à l'invitation d'une ministre et pour lui parler de ce qu'elles connaissent : les relations dans le monde des affaires, de la téléréalité, du business, un monde dans lequel, comme souvent, les femmes doivent lutter pour ne pas se faire dévorer par le grand méchant loup ! Pourquoi un joueur de foot aurait-il plus de droits que nous ? Les joueurs de foot sont régulièrement reçus par les ministres ! Pourquoi leurs voix devraient-elles être plus entendues ? La téléréalité est un divertissement, tout comme les matchs de foot. Les deux sont là pour faire du bien aux gens, me semble-t-il…

On nous accuse aussi de chercher à « refaire une virginité à la téléréalité » qui traverserait une mauvaise passe car minée par les problèmes de harcèlement et de rackets, voire pire. Pas une seconde on imagine que nous sommes sincères, pas une seconde on ne se pose de questions quand je tente d'expliquer que si 80 % des jeunes n'ont pas voté aux dernières élections régionales, c'est parce que les personnages publics ne savent pas capter l'attention des jeunes, parce qu'ils parlent une autre langue qu'eux, parce qu'ils ne les connaissent pas et ne s'y intéressent pas. Or, parmi ces jeunes-là, il y a aussi ceux qui suivent, regardent et écoutent Victoria, Neverly et les autres ! Et ils sont des millions !

Bien sûr, l'échange n'a pas échappé aux conseillers de Marlène Schiappa, et la ministre répond en direct à Cyril Hanouna par texto : « Les associations, ça fait cinq ans que je les reçois jour et nuit et ce monsieur ne m'a jamais demandé de rendez-vous [elle parle d'Oliv Oliv]. Contrairement à lui, aucune influenceuse ne m'a insultée pour obtenir un rendez-vous. S'il demande un entretien, il sera reçu comme tout le monde, sans souci. Je remercie ces influenceuses car, grâce à elles, beaucoup connaîtront les dispositifs d'aides face aux violences. »

En effet, comme le dira ensuite Isabeau Delatour dans sa propre story, les influenceuses vont se rendre très utiles : elles vont relayer auprès de millions de jeunes gens le 3919, numéro d'urgence désormais actif vingt-quatre heures sur vingt-quatre, mais aussi les autres dispositifs et informations mises en place par le gouvernement pour venir en aide aux femmes harcelées, battues, humiliées. Avant qu'il ne soit trop tard. Car c'est bien cela que l'on veut, non ? Parvenir à faire que le triste record de féminicides en France ne soit plus qu'un très mauvais souvenir ? Cent vingt et un assassinats de femmes par leurs conjoints en 2021, et pour 2022 je ne retiendrai que les trois premiers jours de janvier : trois femmes assassinées !

Est-ce que la prévention ne passe pas d'abord par l'information ? Alors, si parce qu'elles sont fans d'Isabeau Delatour, de Neverly ou de Victoria Mehault, et parce qu'elles suivent leurs stories, si des femmes victimes, ou des amies ou voisines de victimes peuvent avoir accès au bon numéro de téléphone, au bon service, lorsqu'elles sentent le danger… peut-être l'utiliseront-elles, et peut-être cela sauvera-t-il la vie de l'une d'entre elles. C'est d'ailleurs ce que j'ai expliqué avec fougue dans *TPMP* :

« Moi, je suis une femme, j'ai quarante ans, je m'assume : je travaille avec la téléréalité et la téléréalité m'a sauvé la vie, et si moi je peux aider et sauver la vie des gens, je le ferai ! »

Après coup, le soir même de notre passage chez *TPMP*, j'ai été à la fois très agacée et assez mortifiée que nous ayons toutes été traitées avec un si grand mépris médiatique. Seul Cyril Hanouna nous a donné la parole, nous a reçues sur son plateau pour nous permettre de nous exprimer. Les autres médias ne nous ont même pas contactées pour savoir de quoi nous avions parlé chez la ministre. Tout ce qu'ils ont su faire, c'est nous décrédibiliser. Personnellement, je suis très fière de mes candidates et de mes influenceuses. Si nous sommes suivies par autant de monde, c'est parce que nous avons un vrai talent : je conçois que nous ne plaisions pas à tout le monde, mais nous humilier revient aussi à mépriser les centaines de milliers de personnes qui nous aiment et s'identifient à nous ! Ce n'est pas parce que nous sommes liées à la téléréalité que nous sommes obligatoirement stupides. Au contraire, les candidates sont des filles qui ont du caractère, c'est d'ailleurs pour cela qu'elles ont tapé dans l'œil d'un responsable de casting : pour être repérée dans la rue ou sur Internet, il faut du bagout, de la joie, de la force, de la repartie. Ce sont des femmes indépendantes, qui s'assument financièrement, quel que soit leur âge, qui montrent en toute franchise leurs qualités et leurs faiblesses. Ceux qui les méprisent sont ceux-là mêmes qui prônent la liberté de la femme : n'y a-t-il pas là comme une étonnante contradiction ?

Chaque femme peut être ce qu'elle a envie d'être. Personne ne peut juger qui que ce soit pour son physique ni pour sa personnalité. À partir du moment où elle se sent bien comme elle est, qu'elle ait fait de la chirurgie ou non. Aucune voix ne compte moins qu'une autre.

Face à tant de violence, j'espère que ces jeunes gens résisteront et continueront à s'engager malgré tout.

Cela m'a vraiment peinée de voir la vidéo que Victoria a faite le lendemain de notre passage chez Marlène Schiappa. Le visage triste, elle y déclare : « Tous ceux qui m'insultent, sachez que ça sert à rien que vous perdiez votre temps à m'envoyer des messages, parce que je ne les regarde pas. Sinon je vais me défenestrer ! »

Heureusement, Victoria est une guerrière et elle a rebondi très vite.

J'admire ces toutes jeunes femmes de tenir aussi bien le coup face aux violentes critiques que leur assènent en permanence ceux qui, comme Oliv Oliv, passent leur temps à réclamer haut et fort plus de justice alors qu'eux-mêmes se montrent cyniques et malveillants envers elles, uniquement parce qu'elles sortent de l'ordinaire, parce qu'elles ne sont pas politiquement correctes… Ceux qui, comme Oliv Oliv, se veulent « citoyens » et sont censés défendre « le peuple », du moins c'est ainsi qu'ils entendent être perçus, passent leur temps à critiquer ce qu'ils ne comprennent pas. Haut et fort, ils défendent des causes, s'affirment féministes, mais en réalité, en se permettant d'être eux-mêmes publiquement très méprisants envers un certain type de femmes – comme ces jeunes influenceuses – ils donnent un aval à ceux qui vont les harceler sur les réseaux sociaux. Ils devraient au contraire et au minimum leur reconnaître le sens du collectif et les féliciter d'utiliser leurs réseaux pour y diffuser des messages bienveillants.

Pour en finir avec Oliv Oliv, cet ancien Gilet jaune qui réclame justice et équité pour ses pairs, il a jugé bon de m'humilier (ou plutôt, de tenter de le faire) sur le plateau de *TPMP*, moi qui ai monté une société, qui suis entrepreneuse alors que j'étais interdite bancaire il y a cinq ans, moi qui donne du travail à une centaine de personnes, qui paye mes impôts en France… Moi qu'il devrait, en réalité, si l'on suit ses revendications, féliciter !

En tout état de cause, ce n'est pas grâce à Oliv Oliv s'il y a eu, en vingt-quatre heures, mille cinq cents téléchargements de l'application gouvernementale d'aide aux femmes harcelées…

Heureusement, je suis rassurée de voir que le gouvernement n'a pas les mêmes œillères que certains intervenants sur les plateaux de télé. Alors tant mieux si les politiques sont parfois en avance sur la société ! Voilà pourquoi il faut oser. À mes influenceuses qui ont été échaudées par la violence des réactions suite à leur passage chez Marlène Schiappa, à elles qui se réjouissaient si fort de pouvoir « s'élever », de montrer qu'elles pouvaient apporter quelque chose de leur monde à elles, je dis : « Oliv Oliv nous trouve ridicules ? Soyons fières d'être ridicules : cassons les codes une fois pour toutes. Marchez la tête haute, les filles : vous y avez droit ! »

En ce qui me concerne, depuis que je suis devenue un personnage public, j'ai pris l'habitude d'être en permanence la cible de critiques positives et négatives, en rapport avec mes propres posts ou vidéos mais aussi en relation avec les personnalités que Shauna Events représente. Dès que surgit une polémique les concernant, sur les réseaux sociaux on me reproche soit « de prendre parti », soit « de ne pas prendre parti ». C'est selon… Mais la manœuvre utilisée est souvent bien nauséabonde.

Ainsi, suite à notre passage chez Marlène Schiappa, certains ont voulu me faire un très mauvais procès en liant cette visite à l'affaire Illan Castronovo. Ce candidat de téléréalité fait partie de mon agence, il est un habitué des séries *Princes et Princesses de l'amour* et des *Marseillais* sur W9 ainsi que des *Anges* sur NRJ12, et il est depuis quelques mois sous le coup de graves accusations portées par plusieurs jeunes femmes : harcèlement, exhibitionnisme et agressions sexuelles.

L'affaire démarre le 12 novembre 2021, avec la diffusion par le site Melty d'une interview d'Alix Desmoineaux, ancienne star de téléréalité : « J'ai dénoncé à deux productions un candidat activement dans la télé aujourd'hui, dit-elle, je ne vais pas donner de nom parce que la preuve en question, ce n'est pas moi qui l'ai et que je pourrais être attaquée pour diffamation, mais tôt ou tard ça sortira, je pense, et j'espère. »

L'influenceuse affirme avoir vu, sur le téléphone d'un ancien collègue – il s'agit de SebyDaddy – une vidéo dans laquelle on voit un candidat agresser sexuellement une jeune femme présentée comme mineure par le détenteur du fichier.

« Le candidat en question, continue-t-elle, essaye de lui mettre son truc dans la bouche, elle pleure, il la tient par les cheveux. »

Autrement dit, Alix Desmoineaux accuse Illan de viol sur mineure. Cette « révélation » met les réseaux sociaux en ébullition et génère de nombreuses déclarations des uns et des autres. Très vite, je me retrouve au centre de la polémique alors que j'apprends l'information en même temps que tout le monde ! Sur les réseaux sociaux et dans certaines émissions, on me reproche, en tant qu'agente d'Illan, de ne pas m'exprimer publiquement sur le sujet.

Mais à ce stade de l'affaire, comment pourrais-je m'exprimer ? Que serais-je en droit de dire ? Je ne peux ni défendre Illan ni l'accuser. Il ne s'agit pas cette fois, comme souvent, d'une banale histoire de tromperie entre deux candidats de téléréalité. On parle de viol, on parle de mineure : c'est une affaire gravissime. Sauf qu'à la mi-décembre 2021, il n'y a toujours aucune identité de victime et, à ma connaissance, pas d'enquête de police. Tout ce que l'on sait, c'est qu'une ancienne candidate de téléréalité, Alix (qui, accessoirement, vient à l'époque de sortir un livre) déclare sur les réseaux sociaux avoir, deux ans plus tôt, eu entre les mains une vidéo sur laquelle elle a vu Illan violer une jeune fille mineure.

Ce qui est sûr, c'est qu'Illan a souvent une attitude « de charo » – comme il aime le dire – envers les femmes. Il est réputé pour ça et il en joue. Il n'est donc pas bien compliqué de trouver d'autres candidates ayant des choses à lui reprocher, car il a bel et bien un comportement misogyne. Moi qui travaille avec lui, je le lui ai reproché à plusieurs reprises et cela a souvent été un sujet de disputes. Mais il n'échappera à personne qu'il y a une grande différence entre être un jeune homme indélicat voire misogyne, un goujat donc, et être coupable de viol sur mineure c'est-à-dire de comparaître devant la cour d'assises et d'encourir jusqu'à vingt ans de prison.

Cette vidéo, que beaucoup de personnes disent avoir vue, je l'ai longuement cherchée. J'ai contacté les blogueurs qui affirmaient l'avoir eue entre les mains. J'ai appelé SebyDaddy, qui m'a livré une tout autre version de la fameuse scène. Selon lui, ils étaient quatre, tous adultes, tous consentants, et ils ont organisé une partouze qu'ils ont filmée. Il refuse de montrer cette vidéo, encore moins de la publier, car lui et les filles y apparaissent et aucun d'entre eux n'a envie que ces images circulent…

Je lui demande donc :

« Pourquoi as-tu dit à l'époque qu'Illan avait violé une jeune fille ?

— Parce qu'à ce moment-là on s'était engueulés et je voulais le faire ch… »

Voilà où on en est. Il m'assure également que les filles étaient toutes majeures.

Impossible donc à cette époque, pour moi, de réagir publiquement : sur les réseaux sociaux ma parole a du poids. Si je jette le doute sur Illan, je le condamne à une mort sociale. Et à beaucoup plus grave encore. Mais si l'accusation est fausse ?

À ce stade, je pense qu'Illan paye les comportements indélicats qu'il a pu avoir auprès de certaines jeunes femmes, et je lui conseille de s'excuser publiquement de ces comportements honteux.

Mais a contrario, je ne peux ni affirmer que cette vidéo (que de mon côté je n'ai pas réussi à trouver) existe bel et bien et qu'il y a donc eu viol ni prendre son parti et déclarer : « Je suis sûre qu'Illan n'a pas violé. »

Cela reviendrait, indirectement, à remettre en cause la parole de victimes potentielles. Or il n'est pas question que je leur manque de respect, encore moins que je jette un doute sur leurs affirmations.

Dans cette affaire, je n'ai aucun tenant ni aboutissant, aucune preuve, bien que j'en aie cherché. Aucune base pour pouvoir émettre un jugement : voilà pourquoi je me tais. C'est à la police et à la justice de faire leur travail, pas à Magali Berdah.

S'il y a vraiment eu une victime, je m'en voudrais toute ma vie de ne pas l'avoir défendue. Mais s'il n'y en a pas, je m'en voudrais tout autant d'avoir condamné un homme qui n'a rien fait.

En attendant de pouvoir me positionner concernant ce candidat, je ne peux que réitérer auprès de toutes les jeunes filles, et les jeunes hommes, ceux que je représente et les autres, ma conviction profonde : si l'on est victime de comportements inappropriés, il faut le faire savoir très rapidement. Même si parler est difficile, il ne faut surtout pas attendre. Ainsi, la parole sera-t-elle prise beaucoup plus rapidement au sérieux. Je les encourage donc, toutes et tous, à parler. Même si je sais que cela doit être très dur. Si j'avais vu la vidéo d'une femme se faisant violer, j'aurais bien sûr immédiatement dénoncé les coupables. Que la victime ait du mal à en parler, c'est normal. Mais il est de son devoir de parler, comme il est de notre devoir, en tant que témoins, de parler nous aussi. Et d'en parler à la police, et non dans les médias ! Ce qui me choque, souvent, est que beaucoup de personnes parlent, donnent des leçons de morale, mais sans agir pour autant.

Quoi qu'il en soit, j'ai souhaité arrêter mon contrat exclusif avec Illan parce que j'ai constaté chez lui certains comportements qui ne me conviennent pas et qui ne correspondent pas à mon éthique.

7

Oser se plaire à soi-même

En mars 2021, sur le plateau de *Touche pas à mon poste*, Cyril Hanouna m'invite pour parler chirurgie esthétique. Je sais qu'il apprécie ma franchise à ce sujet. Durant l'émission, il va d'ailleurs diffuser une ancienne photo de moi, qui date d'avant ma première opération. Une image pas si ancienne puisqu'elle remonte à seulement cinq ans. Mais, confrontée à mon visage, je suis tout à coup très émue, et cela se voit : cette photo me rappelle une époque assez sombre. Je l'associe à une période de ma vie où je n'étais pas heureuse et très mal dans ma peau. Aujourd'hui, j'ose le dire sans me vanter, les choses ont changé : j'apprécie mon apparence, et j'aime me regarder dans un miroir. Certains jours plus que d'autres, bien sûr ! Et je préfère encore, malgré tout, intercaler un filtre entre la réalité et moi lorsque je poste une vidéo sur Snapchat ou une story sur Instagram ! Mais je ne rechigne jamais quand l'un ou l'une de mes candidat(e)s me filme sans filtre et diffuse la vidéo sur ses réseaux sociaux (elles, qui sont si jeunes et fraîches, n'ont besoin d'aucun filtre pour être magnifiques !).

Globalement, je suis plutôt satisfaite de mon visage et de mon corps, qui sont ceux d'une femme de quarante ans et d'une maman de trois enfants. Je déclare cela en toute modestie car, si je me plais, cela ne dépend pas que de moi : je dois d'abord beaucoup à ce qu'on appelle « les artifices ».

On a dit de moi que j'avais été métamorphosée par la chirurgie esthétique. Que j'avais dépensé des sommes folles pour me faire refaire le visage et le corps. C'est vrai, et c'est faux.

Vrai que j'ai choisi de faire plusieurs opérations et soins esthétiques. Pour ma part, j'estime qu'ils ne m'ont pas « métamorphosée » mais qu'ils m'ont, tout simplement, beaucoup « embellie » et surtout aidée à me sentir mieux dans ma peau et à avoir confiance en moi. Je n'ai pas dépensé des « sommes folles » pour parvenir à ce résultat, j'ai dépensé l'argent que je pouvais me permettre de dépenser. À savoir, pour cinq ou six opérations en deux ans environ, 40 000 euros. C'est beaucoup, certes, mais je suis une femme qui travaille énormément et je fais ce que je veux de mon argent. Et non seulement je n'ai rien à cacher, mais je suis heureuse de pouvoir, grâce à ce livre, m'exprimer longuement sur mon recours personnel à la chirurgie esthétique, et plus généralement sur ce qu'il signifie pour moi. Car je me suis souvent interrogée à ce sujet.

En France (et cela vient tout droit des États-Unis), nous vivons depuis plusieurs années un véritable engouement pour toutes les techniques qui peuvent nous apporter du bien-être : méditation en pleine conscience, relaxation, phytothérapie, médecines traditionnelles, yoga ayurvédique ou sylvothérapie, etc. Tous les magazines féminins militent pour une alimentation saine et si possible bio. Cette quête est liée au fait que, au XXIe siècle, nous accordons autant d'importance à notre état psychique qu'à notre état physique. Dans un monde de plus en plus fou, nous œuvrons sans relâche pour gagner en sérénité.

Parallèlement, nous saluons les prouesses technologiques qui permettent de sauver une vie grâce aux techniques chirurgicales de pointe, à l'Intelligence artificielle, au développement de thérapies ciblées dans les cancers, à l'immunologie, bref, nous nous réjouissons de ce que la recherche peut produire d'extraordinairement salvateur pour le genre humain.

Ces deux aspects, la recherche du bien-être et la recherche médicale de pointe, ont un même but : permettre à l'être humain de vivre dans de meilleures conditions. Physiquement et psychologiquement.

Pour moi, faire appel à la chirurgie esthétique procède exactement du même calcul : c'est trouver, ou retrouver, un bien-être psychique grâce à une technologie chirurgicale prouvée, autrement dit : grâce à la science. Dans notre société de progrès et de profit, celle – ou celui – qui ne s'apprécie pas physiquement n'a que peu de chances de se sentir bien dans sa peau. Car, il serait vain de le nier, notre apparence compte. Elle compte d'abord pour nous-mêmes : qui n'a jamais été surpris en découvrant que son « moi intérieur » ne correspondait pas à l'image que lui renvoyait le miroir ? Que, non, notre visage, notre regard, notre corps, ne reflètent pas forcément notre jeunesse morale, notre dynamisme, ou notre beauté intérieure ? Que passé un certain âge ils ne sont pas, ou plus, nos fidèles alliés ? Chacun a le droit de vivre comme il le souhaite le rapport qu'il entretient avec son corps. On a le droit d'aimer ses rides et de les considérer comme la marque de l'âge et de la sagesse. Le plus important est de s'accepter et de se plaire à soi-même. On me dit souvent : « C'est normal, c'est l'âge. Le vieillissement naturel. » C'est bien vrai. Et je n'ai rien, bien au contraire, contre le « naturel ». À condition qu'il ne devienne pas une dictature ! Or me contraindre, ou contraindre qui que ce soit, à assumer ce que l'on considère comme un défaut et qui nous handicape, alors que depuis cinquante ans il existe des moyens d'y remédier, est pour moi une ineptie. Et le contraire même du sens de l'histoire.

Jeune adolescente, vers l'âge de douze ans, je ne me préoccupais pas vraiment de mon apparence. Je ne me trouvais ni jolie ni moche. Ce qui m'importait, à l'époque, c'était de pouvoir rigoler avec mes amies et de profiter du foyer chaleureux que m'offrait ma grand-mère. En grandissant, j'ai commencé à être un peu gênée par une certaine asymétrie de mon visage. Une irrégularité de sa forme, due à ma dentition : le côté droit de ma mâchoire supérieure était plus haut que le côté gauche. Je trouvais que j'avais « une tête bizarre ». Ce n'était pas encore une obsession, n'empêche que lorsque l'on critiquait mes dents, je le prenais très mal.

Les grossesses n'arrangent pas les dents, on le sait. Le vieil adage « Un enfant, une dent » a encore de beaux jours devant lui. Et c'est après avoir accouché de mes trois filles, et parce que mes dents en avaient pris encore un sacré coup, que j'ai pris la décision de faire ce qu'il fallait pour que mon visage me devienne plus agréable.

La chirurgie esthétique, ou plutôt les soins esthétiques, je les ai donc débutés par des soins dentaires. J'avais pourtant, comme beaucoup de gens, une véritable phobie du dentiste, et tellement peur d'avoir mal ! Mais un orthodontiste parisien très sérieux, qui avait refait la bouche de nombreuses personnalités, a travaillé sur ma mâchoire supérieure, d'abord sur l'implantation de mes dents puis, lorsque les ajustements ont été faits et mon visage un peu rééquilibré, il a réalisé des facettes pour les dents du haut. Peu de douleurs, des prix corrects, et le résultat était déjà impressionnant pour moi : je me regardais dans un miroir, je souriais largement et mes dents étaient parfaites ! Quand on fait, comme moi, un métier d'image, que les gens vous regardent ou plutôt vous scrutent, à la télévision, sur les réseaux sociaux, les attaques sur le physique sont monnaie courante et souvent très violentes. Lorsque j'étais peu connue, j'étais bien entendu peu confrontée à cela. Mais dès que Shauna Events a commencé à devenir une agence réputée, les attaques se sont multipliées. Mon visage, semble-t-il, prêtait pour certains à la moquerie. Ils s'amusaient alors à balancer sur la Toile d'anciennes photos de moi avec mes dents d'avant. Lorsque je les regarde aujourd'hui, je me dis que, décidément, j'ai bien fait de les changer ! Finalement, c'est donc la réussite professionnelle qui m'a poussée à être beaucoup plus attentive à mon apparence et à m'accorder le droit d'être, ou non, satisfaite de ce que je vois. Et de choisir d'y remédier. Rien n'est inéluctable. J'ai, nous avons tous, hommes comme femmes, le droit de décider de ce qui est bon, ou non, pour notre corps et notre mental.

Grâce à la chirurgie esthétique, j'ai découvert que je pouvais me trouver à mon goût. Quel plaisir ! Mais j'étais encore gênée car je trouvais qu'il me restait de disgracieuses poches sous les yeux et des paupières supérieures trop tombantes qui me donnaient un air fatigué qui ne correspondait pas à ma forme réelle. J'ai donc décidé de faire arranger tout cela, et une fois les bleus et ecchymoses disparus, la différence, à mes yeux, a été flagrante : j'avais rajeuni de plusieurs années, et surtout, j'avais l'air en grande forme, reposée comme si je rentrais de vacances. Restait mon corps, dont les défauts m'étaient devenus difficiles à supporter : j'étais une maman de trois fillettes, trois grossesses que j'avais portées en l'espace de quatre ans. Mon corps a été mis à rude épreuve… Particulièrement mes seins.

Les grossesses, toutes les femmes le savent, ruinent la poitrine. Elle gonfle durant la grossesse, dégonfle après, regonfle pendant l'allaitement, dégonfle à nouveau, bref : c'est un traumatisme, naturel lui aussi. Après avoir eu trois filles, mes seins étaient devenus petits et flasques, comme vidés de leur substance. À trente-cinq ans, je peinais à l'admettre. Je voulais avoir de beaux et gros seins, qui tiennent tout seuls, qui puissent vivre leur vie sans entrave, sans soutien-gorge, en liberté.

Je réfléchis durant quelques mois, puis je sautai le pas. La directrice de la clinique de chirurgie esthétique des Champs-Élysées est une copine. Lorsque je lui en parle, elle me rassure et me promet que tout se passera bien. Nulle crainte à avoir.

Mon premier rendez-vous avec le chirurgien dure presque une heure. Il souhaite connaître mes motivations, vérifier que je suis physiquement et psychologiquement en forme, et que nous nous mettions d'accord : il me propose de me poser des prothèses assez petites, juste de quoi redonner du galbe à mes seins et rester naturelle. Je lui réponds : moi, je veux juste que mes seins soient gros et beaux ! Je me fiche totalement qu'on sache que j'ai des faux seins !

Au lendemain de l'opération, la douleur est vive mais supportable. Cela va durer quatre jours… Et les antalgiques prescrits par le chirurgien suffiront à la calmer. Durant le mois qui suit l'opération, je respecte les consignes strictes données par le chirurgien : pansements à faire chaque jour dans un premier temps, je porte un soutien-gorge adapté et je limite mes activités. Lors de la première consultation postopératoire, je découvre ma nouvelle poitrine : même si elle est encore un peu enflée à cause de l'œdème, je pressens que le résultat final sera à la hauteur de mes espérances. Effectivement, au bout d'un mois, je ne ressens plus aucune gêne et ma poitrine est parfaitement à mon goût. Je vais pouvoir me passer de soutien-gorge : mes seins tiennent tout seuls ! Alors certes, l'opération entraîne quelques contraintes et quelques douleurs, mais comme ces inconvénients me semblent peu de chose comparé à la satisfaction de me sentir bien dans mon corps !

Mes grossesses ont aussi abîmé mon corps : je décide de faire une liposuccion.

Quant à mon visage, j'assume sur le plateau de *Touche pas à mon poste* qu'il soit « entièrement refait » : en plus de mes paupières et des poches sous les yeux, un *conturing* a permis de redessiner mon menton, des injections de botox dans le front et de graisse dans les pommettes évitent l'affaissement, mon visage est plus fin, mes joues plus creuses. Et ainsi, je me plais. Depuis ces opérations il y a cinq ans, je me suis contentée de faire régulièrement des injections de botox et d'acide hyaluronique pour entretenir le tout. Et ce n'est pas parce que j'ai réalisé plusieurs opérations de chirurgie esthétique que je vais obligatoirement en faire d'autres : non, tout le monde ne devient pas « accro » au bistouri ! Mais si en vieillissant j'en ressens le besoin, et si mon chirurgien, en qui j'ai toute confiance, me dit qu'il n'y voit pas d'inconvénient, je renouvellerai l'expérience. Et pourquoi pas ? Ce ne sont pas les critiques acerbes sur les réseaux sociaux ou les remarques désobligeantes sur un plateau de télé qui vont m'influencer. Pour moi, ces propos sont juste étonnants. Si ceux qui les prononcent, en général avec véhémence, étaient, comme moi, bien dans leur peau, ils ne seraient pas aussi agressifs et amers sur un sujet qui ne les concerne ni ne les regarde… Je les plains vaguement et je passe très vite à autre chose.

Il est vrai que lorsqu'on exerce un métier public, on subit une réelle pression sociale à propos de notre image : cela concerne en premier lieu les femmes, mais aussi de plus en plus souvent les hommes. Ils sont d'ailleurs beaucoup plus nombreux qu'avant à avoir également recours à la médecine esthétique ou à la chirurgie esthétique. Parmi les égéries du show-biz, certains l'assument parfaitement, comme Benjamin Castaldi, qui déclare sur le plateau de *Touche pas à mon poste* avoir eu recours à quelques injections de botox entre les sourcils. Et en plateau dans le *6 à 7* sur C8, il prend le parti de rire de lui-même à la suite d'une blépharoplastie (une opération de la paupière supérieure qui tombe passé un certain âge.)

Question opération des paupières, les hommes politiques ont donné le *la* il y a déjà bien longtemps : ainsi Dominique Strauss-Kahn, alors en tête des intentions de vote des Français à l'élection présidentielle de 2007, y a eu recours (bien avant l'affaire du Sofitel), de même que François Hollande un peu plus tard. Et ce qui est intéressant, c'est que, les concernant, cela engendre fort peu de réactions des commentateurs et quasiment aucun buzz sur Internet. Comme si l'on reconnaissait à ces figures politiques masculines le droit absolu de chercher à avoir l'air « plus jeune », « plus fringant »... « Plus dynamique » en un mot.

Il faut dire que, bien avant eux, un autre socialiste avait montré qu'un homme politique pouvait choisir de retoucher son visage : François Mitterrand, avant sa première élection en mai 1981, n'avait pas hésité à se faire limer les canines, jugées trop carnassières par ses conseillers... Mais cette fois encore, les femmes ne sont pas les égales des hommes : la chirurgie esthétique semble beaucoup moins tolérée chez les femmes politiques que chez leurs alter ego masculins.

Prenons comme exemple Ségolène Royal : la candidate à l'élection présidentielle de 2007 semble avoir fait retoucher son nez, son menton et ses dents. Quelque temps plus tard, un commentateur politique assène : « La communication politique, c'est comme la chirurgie esthétique. Si ça se voit, c'est que c'est raté. » Vraiment ?

Parmi les femmes politiques, c'est tout de même sans doute Rachida Dati qui aura déclenché le plus de commentaires misogynes et sexistes. En juin 2017, elle est présente sur les plateaux de TF1 puis de BFMTV pour la soirée électorale consacrée au second tour des élections législatives. La maire du VIIe arrondissement de Paris ne briguait pas de mandat, mais elle vient commenter les scores de son parti, Les Républicains. À peine est-elle cadrée par la caméra de plateau que s'ensuit aussitôt une salve de commentaires d'internautes sur Twitter. En voici deux exemples :

« Je ne veux pas être médisante hein Twitter c'est pas ça ! Mais Rachida Dati si elle bâille à mon avis ses oreilles se décrochent…#Botox »

« Le temps n'a aucune emprise sur le botox de Rachida Dati. #legislatives2017 »

Idem en janvier 2019 : sa participation à l'*Émission politique* de France 2 entraîne une déferlante de commentaires insultants et sexistes :

« On avait dit détox pas botox. »

« Rachida Dati, elle ressemble de plus en plus aux frères Bogdanoff. »

Visiblement, le discours de cette femme politique intéresse beaucoup moins que son enveloppe… Interviewée peu après par *Télé Loisirs*, Rachida Dati rétorque calmement : « Honnêtement, ça ne me touche pas. Au bout d'un moment vous dites "J'ai envie de vivre comme je veux". […] Ce sont des attaques que connaissent toutes les femmes, en tout cas la plupart des femmes publiques. Je n'ai pas de comptes à rendre. »

Je suis absolument d'accord avec elle : elle n'a pas de comptes à rendre. Moi non plus.

N'aurions-nous pas le droit, nous, femmes, de décider pour nous-mêmes ? À qui cela porte-t-il tort si nous choisissons de nous faire refaire les lèvres, les seins, les fesses ou les pommettes ? Lorsque nous sommes en âge de le décider et de l'assumer, bien sûr.

En 2019, c'est au tour de Valérie Pécresse de subir des commentaires désobligeants sur la Toile… « Il se pourrait bien qu'elle gagne en effet le Ballon d'or du botox raté devant Carla Bruni », écrit l'un d'eux…

Car oui, en France, on imagine que la chirurgie esthétique est réservée aux bimbos, forcément décervelées, ou aux femmes superficielles et soumises au mâle, obsédées par le regard des hommes sur elles. Mais reprocher aux femmes de se soumettre aux normes sexistes de la société, n'est-ce pas déjà du sexisme ? Et si c'était l'inverse ? Si avoir recours à la chirurgie esthétique et l'assumer était aussi une façon pour les femmes de s'affirmer ? De dire que leurs corps leur appartient ? Pour ma part, si une femme de trente ou quarante ans ne supporte pas, ou plus, un de ses défauts physiques au point même d'en faire une obsession, je l'encourage à sauter le pas si elle est tentée par une opération esthétique. Et si elle n'en a pas les moyens, je conçois tout à fait qu'elle choisisse de contracter un crédit pour se payer une rhinoplastie (opération du nez) ou de nouveaux seins. C'est peut-être cette opération qui lui permettra de trouver un nouveau travail – ou un travail tout court – ou d'entreprendre les études qu'elle n'a pas pu faire plus jeune… Uniquement parce qu'elle aura repris confiance en elle !

Je parle ici des femmes adultes, voire de celles qui ont dépassé la trentaine. Car, sauf défaut qu'elle considère comme réellement handicapant, je ne suis pas pour la chirurgie esthétique chez les très jeunes femmes.

J'estime qu'avant trente ans, le visage, et surtout le corps, évoluent. Il me semble donc qu'il faut d'abord savoir à quoi l'on va ressembler, vraiment, avant de décider de gommer ce qui nous apparaît, lorsqu'on a vingt ou vingt-cinq ans, comme un insupportable défaut.

À mes très jeunes candidates de téléréalité, je ne conseillerai donc jamais d'en passer par le bistouri pour se rassurer sur leur physique. Je leur propose d'attendre, peut-être même d'avoir mené une première grossesse. Et si malgré tout elles insistent, si elles en ont vraiment envie, je leur explique pourquoi, selon moi, elles n'en ont pas besoin pour le moment : leur peau est très souple, leur corps n'est pas abîmé, leur jeunesse n'a pas besoin d'intervention chirurgicale. Car elles vont transformer leur image de façon irréversible.

Mais, bien entendu, ce sont elles qui décident quoi faire de leur corps et de leur visage, et si elles ne suivent pas mes conseils, c'est leur liberté. Et il ne me viendrait jamais à l'esprit de les blâmer d'avoir pris cette décision. Mais là encore, je leur recommande la transparence vis-à-vis de leurs abonnés.

Plusieurs influenceuses ont assumé avoir fait de la chirurgie esthétique et se sont affichées sur les réseaux sociaux avec un pansement sur le nez voire avec la poitrine bandée. Et au final elles sont heureuses d'avoir osé franchir le pas.

Certaines reconnaissent aussi avoir des regrets. C'est le cas de Maeva Ghennam, qui débute l'année 2022 en expliquant sur Instagram et Snapchat qu'elle ne fera plus appel à la chirurgie esthétique. L'influenceuse dit regretter d'avoir reçu selon elle trop d'injections de botox, et annonce qu'elle veut dorénavant être « belle au naturel ». Maeva est mon amie, nous sommes très proches, et cette nouvelle me réjouit pour elle. Non pas que je la blâme d'avoir eu auparavant recours à la médecine ou chirurgie esthétique, mais, comme je l'ai écrit plus haut, parce que j'estime qu'à vingt-cinq ans, l'âge de Maeva Ghennam, une jeune femme a bien le temps d'envisager des modifications de son visage ou de son corps. Elle n'a actuellement aucun besoin de s'embellir avec des artifices, c'est une magnifique jeune femme. Ce qui me semble particulièrement intéressant dans son cas, c'est qu'elle explique très bien elle-même dans ses vidéos pourquoi elle tenait, par exemple, aux injections de botox tous les six mois. Tant que son front n'était pas absolument lisse et son menton et l'arrondi de ses joues parfaits, ou que ses fesses n'avaient pas le rebondi maximum, elle ne se supportait pas. Elle était en fait très mal dans sa peau et le recours à la chirurgie esthétique était le symptôme de son mal-être. Dans cette story sur Instagram, pour prouver sa bonne foi, elle se montre avec quelques boutons sur le visage et se dit prête à s'accepter telle qu'elle est. C'est, pour elle, une victoire psychologique, et Maeva sait bien qu'elle a le temps, dans les dizaines d'années qui viennent, de changer à nouveau d'avis.

Certes, il lui aura fallu un épisode malheureux pour en arriver à cette réflexion-là – elle a été sévèrement tancée et prise à partie parce qu'elle vantait maladroitement la vaginoplastie dans le cabinet d'un gynécologue – mais l'essentiel est qu'elle a plus de trois millions d'abonnés : son exemple servira à d'autres, je n'ai aucun doute là-dessus. Maeva fait partie de ces femmes qui mettent en pratique chaque jour le *girl power* : elle assume publiquement ses choix, quitte à prendre le risque d'être cruellement critiquée : elle le sait, elle avance. Elle a raison : comme le rappelle un célèbre slogan féministe des années 1960 : « Notre corps nous appartient. Oser décider pour soi-même, cela vaut aussi pour l'idée que l'on se fait de l'harmonie entre le corps et l'esprit. »

J'aime beaucoup Maeva Ghennam car elle assume ses choix, c'est une jeune femme courageuse qui ne cherche pas à dissimuler quoi que ce soit, qui ne ment pas et n'hésite pas, si elle estime s'être trompée, à s'excuser publiquement plutôt que de chercher à lisser son image et à se faire passer pour ce qu'elle n'est pas. Sa force de caractère est selon moi une grande qualité.

8

Oser s’émanciper

Lorsque j'ai rencontré le père de mes enfants, j'étais une très jeune femme très croyante, mais il n'y avait pas de synagogue à Saint-Tropez, où j'avais grandi avec mes grands-parents. Nous fêtions bien sûr Roch Hachana et Yom Kippour. Dieu était important dans nos vies, mais nous ne pratiquions pas notre religion de la même façon que Samuel.

Samuel, lui, a grandi dans un milieu très pratiquant, et respectait strictement les règles religieuses, par exemple, les lois du shabbat : dès le vendredi juste avant le coucher du soleil jusqu'au samedi midi, plus question de toucher à l'électricité, de cuisiner, de téléphoner, de manipuler de l'argent ou de conduire. Cette rigueur m'impressionnait et m'attirait : moi, qui n'avais pas eu la chance d'avoir une grande stabilité familiale, j'étais en manque de cadre. Et la religion m'offrait un cadre très sérieux.

Durant quelques années, je me suis donc très volontiers soumise à une organisation familiale religieuse, nouvelle pour moi. Nos filles ont grandi dans cette atmosphère spirituelle, au sein d'une famille très pratiquante. Elles étaient scolarisées dans une école juive, et j'y tenais également, afin qu'elles bénéficient de l'enseignement culturel que moi je n'avais pas reçu. La pratique d'une religion apporte le sens du respect, une discipline, une stabilité, qui peuvent être salvatrices. Quand elles seraient plus âgées, elles auraient ainsi les fondements nécessaires et ce serait à elles de décider si elles souhaitaient pratiquer leur religion de façon assidue ou non. Nous passions toutes les fêtes juives chez leurs grands-parents, les parents de Samuel. Pour eux, je n'étais pas vraiment la bru idéale : juive mais peut-être pas suffisamment pratiquante à leurs yeux, en tout cas beaucoup moins que leur fils.

C'est après la naissance de Shelly, notre benjamine, que les choses ont commencé à se gâter.

Dans un couple, même si les deux personnes ont la même religion, la place que chacun lui accorde n'est pas obligatoirement la même. Et si pour l'un des deux la religion revêt une importance prépondérante, le quotidien se complique sérieusement. Mon mari et moi n'avions pas du tout le même niveau de pratique, mais pas non plus la même exigence. Je respectais fondamentalement ses croyances et sa façon de pratiquer, mais je ne les partageais pas. J'étais très heureuse de célébrer les fêtes juives, mais leur cortège d'obligations ne me ravissait pas, et aller à la synagogue toutes les semaines, voire plus, me semblait un peu excessif. Faire shabbat toutes les semaines n'était pas un problème en soi, sauf que, concrètement, cela nous bloquait tous les vendredis à la maison pendant vingt-quatre heures : difficile de profiter du week-end avec nos filles en respectant toutes les interdictions. C'était si complexe ! Manger strictement kasher, chaque jour, était un réel parcours du combattant. Nous devions utiliser deux batteries de cuisine, deux vaisselles distinctes et les laver dans deux éviers différents… Et si l'on consommait de la viande, il fallait attendre six heures pour consommer du lait, donc par exemple du fromage… Parce que je voulais être « une bonne juive », je m'imposais ces règles qui me pesaient de plus en plus. Et je souffrais, sans m'en rendre vraiment compte. Je me sentais en fait toujours en décalage de pratique par rapport aux attentes de mon mari et de sa famille. Durant quatorze années, je m'y suis pliée et j'ai tenté de me convaincre de l'intérêt de la chose. Mais Samuel attendait de moi ce que je ne pouvais pas lui donner, et réciproquement. Finalement, vers trente ans, j'ai commencé à remettre en question ce style de vie. Des tensions sont alors vraiment apparues. Quand j'évoquais la possibilité de partir en week-end en famille, mon mari refusait, à cause de shabbat. Et bien sûr, plus cela semblait compliqué, plus j'en avais envie ! Cela ne me paraissait pas être un vœu totalement démesuré, mais pour mon mari si : impossible, à cause de shabbat. Ou alors, si j'insistais vraiment, il finissait par céder, mais il fallait tout organiser, les horaires de transport, les sorties… Pas question d'aller au restaurant entre le vendredi soir et le samedi soir ni de devoir toucher à l'électricité, etc. Autant rester chez soi !

Une année, je l'ai tout de même convaincu de partir carrément quelques jours en vacances aux États-Unis, à Las Vegas. Nous logions au dix-huitième étage d'un hôtel. À partir du vendredi soir, Samuel devait monter et descendre à pied… Autant dire que ni les filles, qui étaient petites, ni moi ne l'avons suivi ! Même s'il le comprenait, cela lui posa problème. Au fil des ans, notre manière de vivre et, plus généralement, notre façon d'envisager la vie, est devenue trop dissemblable. J'avais essayé de me conforter à l'image qu'il avait de l'épouse idéale, image à laquelle je m'étais également identifiée, à laquelle très honnêtement j'avais rêvé de ressembler. Mais je me mentais à moi-même. Cette manière de vivre n'était pas la mienne et elle nous a séparés.

Je ne m'estime absolument pas supérieure à ceux qui, comme mon ex-mari, pratiquent leur religion avec une très grande rigueur. Au contraire, je suis très admirative de la force que leur donne leur pratique. J'aurais aimé parvenir à ce niveau-là et, lorsque j'étais mariée, j'ai vraiment, de toutes mes forces, tenté d'y parvenir. Mais je n'en ai pas été capable et ai dû finir par renoncer. J'aime ma religion, je la respecte, et j'ai une foi absolue. Mais je crois sincèrement qu'entre Dieu et moi, la communication est simple. Pour moi, ce n'est pas parce que je vais faire shabbat que je serai une meilleure juive, parce que je vais manger kasher que Dieu me préférera, car je crois qu'Il nous accepte comme nous sommes. Ces rites, ce sont les humains qui les ont créés. Dieu sait ce qu'il y a au fond de nous, il se fiche de savoir si la viande que nous mangeons est kasher, si nous utilisons deux vaisselles, si nous avons attendu six heures avant de manger de la viande. Et ne pas respecter ces contraintes ne m'empêche pas d'être juive et croyante, peut-être même plus croyante que ceux qui pratiquent avec une grande ferveur, puisque je me dis que je n'ai pas besoin d'en rajouter pour que Dieu m'aime ! Cela signifie que j'ai plus foi en son amour et en sa clairvoyance que les autres ! Pour moi, Dieu voit ce qu'on a dans le cœur, Il n'a pas besoin qu'on lui prouve quoi que ce soit. Je n'ai rien contre la pratique rigoriste de la religion si elle convient à ceux qui la choisissent. Mais qu'ils me laissent être juive comme je l'entends.

J'ai énormément souffert, lorsque je vivais à Juan-les-Pins, que certaines personnes me taxent de « mauvaise juive » parce que je ne pratiquais pas suffisamment à leurs yeux. Ces critiques très violentes m'ont réellement traumatisée : comment quelqu'un peut-il s'arroger le droit de juger la pratique religieuse de son semblable ? Seul Dieu peut nous juger.

Et aujourd'hui encore je trouve très blessant lorsque, sur les réseaux sociaux, on m'accuse non plus d'être une mauvaise juive, mais de ne pas être une « vraie juive ». Sans doute parce que ces internautes ont lu que mon père n'est pas juif. Or, dans notre religion, on est juif par la mère et ils le savent, bien sûr. Ces réflexions sont encore une fois destinées à me blesser, et à travers moi, ils sont blessants pour mes grands-parents qui m'ont toujours appris à aimer Dieu et à respecter notre religion.

La religion, c'est quelque chose de très personnel, et il faut oser assumer la façon dont nous nous sentons le mieux, le plus à l'aise, le plus libre, le plus en accord avec nous-mêmes, dans notre pratique. Avec le recul, je me rends compte que, même si je n'avais pas rencontré Stéphane, mon couple était condamné. Car je n'étais pas épanouie, pas heureuse, je n'étais pas moi-même : la pratique de la religion tenait dans notre vie une place tellement importante que notre quotidien était devenu étouffant. Je pense aujourd'hui que justement il est très destructeur de se forcer à une pratique, car cette pratique, si elle est imposée, peut ensuite nous lasser profondément de la religion, voire nous en détourner. Ce n'est heureusement pas ce qui m'est arrivé, mais je dois dire que j'ai aujourd'hui un amour encore décuplé pour ma religion, justement parce que je suis libre de la pratiquer comme je l'entends, comme je le juge bon pour moi.

Aujourd'hui, je vis avec un homme que j'aime, nous partageons ces convictions et nous avons la même approche de la religion. Stéphane et moi en sommes au même niveau de pratique. Nous respectons ce qui nous semble important, mais la religion fait partie de notre sphère intime et privée. Notre pratique ne regarde que nous et Dieu.

Aujourd'hui, quelques années plus tard, je n'ai qu'un unique conseil à donner : quels que soient vos choix, soyez vous-mêmes. Osez vous regarder en face, osez assumer d'être qui vous êtes, et non pas ce que d'autres souhaiteraient que vous soyez. Et si vous vous projetez en un être fantasmé, si vous tentez de ressembler à une créature idéale, demandez-vous s'il s'agit vraiment là de votre décision personnelle, de votre aspiration propre, ou bien de la volonté de quelqu'un d'autre qui décide pour vous. Qu'il soit votre mari, votre amant, votre père… Ou les mêmes en version féminine.

Chacun devrait toujours faire en fonction de son moi profond, et sans juger les autres. C'est ma seule règle : fais ce que tu veux et laisse l'autre libre. Par exemple, je travaille sept jours sur sept, c'est mon choix. Mais je ne vais pas porter de jugement sur celui qui a des horaires plus cadrés. Cette personne a d'autres priorités que les miennes, et son choix est aussi respectable que le mien.

En revanche, il y a des règles auxquelles nul ne devrait déroger : quoi qu'il arrive dans ma vie, je lutterai toujours de toutes mes forces contre le racisme et l'antisémitisme, et je pousserai toujours les autres à oser assumer leur religion, quelle qu'elle soit. Pour ma part, j'ai choisi d'assumer publiquement mon identité juive et ma religion, et cela me vaut régulièrement des commentaires extrêmement désobligeants, haineux. Voilà comment, après quasiment chacun de mes posts ou stories édités sur les réseaux sociaux, je reçois, heureusement noyés dans la masse des commentaires chaleureux, une kyrielle de messages d'insultes. La plupart ont trait à la religion. Cela va de « Tu n'as pas un nom juif donc tu n'es pas une vraie juive » à « Sale juive ». Si je me filme mangeant de la viande au restaurant j'ai parfois droit à « Tu ne manges pas kasher tu n'es pas une vraie juive » ou à « Fausse juive » ou « Tu ne mérites pas d'être juive ». Pis, certains vont jusqu'à me menacer de mort : « Sale juive t'inquiète on va te retrouver », « Tu vas crever », « On va te brûler ».

Mais je ne me laisse pas atteindre par ces messages haineux. Je suis forte et jamais je ne reculerai devant ceux qui exècrent ma religion, j'oserai toujours, quoi qu'il arrive, revendiquer mon identité juive.

Je supprime d'office tous ces messages, absolument tous, qu'ils soient publics (sous les photos) ou privés (sous mes stories). J'estime qu'il s'agit de mes comptes Instagram, Snapchat, WhatsApp, et que je suis libre de choisir ce qui peut y paraître. Il n'est pas question que des commentaires vils, insultants ou menaçants salissent mes pages. Pour moi, toutes ces insultes procèdent de la même haine véhiculée par l'antisémitisme. Et c'est presque encore plus inquiétant lorsqu'elle émane de ceux ou celles qui ont la même religion que moi. Je ne conçois pas qu'un juif en insulte un autre au prétexte de sa mauvaise judéité supposée. Au départ, cette haine en ligne m'a stupéfiée, car je n'ai jamais auparavant souffert d'antisémitisme. J'ai grandi à Saint-Tropez, et il y a quarante ans Saint-Tropez était encore un village. Tout le monde se connaissait, et il n'y avait pas vraiment de communautés, encore moins de communautarisme.

Je crois bien avoir été la seule fillette juive de l'école, et ça ne posait de problème à personne.

C'est en devenant une personnalité publique que j'ai été à mon tour victime de ce racisme. Je n'affiche pas particulièrement ma religion, mais je ne la cache pas non plus. Mon seul signe extérieur religieux est le bracelet que je porte en permanence : des lettres en hébreu y sont gravées : *Ima*, qui signifient « maman » en hébreu. Et sur chaque lettre est inscrit le prénom de chacune de mes filles. Ma religion est le fondement de mon identité, mais je respecte absolument toutes les autres croyances, quelles qu'elles soient.

Aussi, quand un blogueur va multiplier les stories durant un mois en m'accusant d'être islamophobe, je vais en être à la fois très choquée et révoltée. Voici comment tout a commencé.

En juillet 2019, je publie un deuxième livre, un guide pratique *Comment devenir influenceur ?*, qui contient des conseils, des astuces, des témoignages, des photos… Mais au même moment, un blogueur, ancien candidat de téléréalité, lance une cabale contre moi sur les réseaux sociaux. Il m'accuse littéralement de haïr les musulmans, et il va multiplier les stories sur le même sujet durant plus d'un mois ! Résultat : une grande partie de ceux, musulmans ou non, qui le suivent et lui font confiance, apportent du crédit à ses accusations. Je vais recevoir des milliers d'insultes. Tous ceux que je fréquente sont également insultés. Un exemple : lorsque je me rends au concert de Gims, qui est un ami, comme d'habitude je filme un live avec mon téléphone portable. Dans cette vidéo je remercie cet artiste et ami de m'avoir invitée, et je la poste sur mes réseaux sociaux. Résultat : quasi instantanément, de nombreux fans reprochent à Gims de s'afficher avec « Magali Berdah l'islamophobe ». Sa femme DemDem, dont je suis également proche, se fait pareillement insulter, parce qu'elle a réalisé une story avec moi. Les commentaires sont d'une telle violence qu'elle finit même par m'appeler pour me prévenir. Or, à l'origine de cette cabale, il y a tout simplement une erreur de deux de mes candidats, avec laquelle je n'avais strictement rien à voir. En septembre 2019, pour rendre service à un ami d'ami, ces deux-là postent un fly sur Snapchat : il s'agit d'une publicité pour une soirée de soutien à un candidat des Républicains pour les municipales de 2020 à Marseille. Problème : autour de cet homme politique gravitent des sympathisants et d'anciens militants du Front national, connus pour leurs discours antimusulmans. Le blogueur accuse donc d'abord ces candidats d'être islamophobes, et il multiplie les vidéos. Puis, finalement, il leur accorde le bénéfice du doute : ils ont fait « une bourde », admet-il, car ils ignoraient les convictions racistes de ces gens. Mais, selon le blogueur, la vraie coupable, ce serait moi, leur agente : je les aurais manipulés et poussés à diffuser cet appel sur leurs réseaux sociaux car je suis islamophobe ! Et il va même plus loin : il sous-entend que je suis payée par le Front national, ou bien, encore pire, que c'est au contraire moi qui finance ce parti. Cela expliquerait selon lui que j'aie poussé mes deux candidats de téléréalité à faire sa promotion sur les réseaux sociaux. Car, insiste le blogueur, il est évident qu'aucun de mes candidats ne publie rien sans avoir eu d'abord mon aval !

C'est évidemment faux : je ne suis pas derrière mes candidats à chacun de leurs posts ou de leurs stories, et ils ne sont pas des marionnettes. J'ai bien assez de responsabilités au sein de l'agence pour ne pas avoir à gérer ça en plus, et ils ont de toute façon leur libre arbitre. En tant que professionnels des réseaux sociaux, ils ne doivent en aucun cas publier quoi que ce soit « pour faire plaisir » ou « pour rendre service ».

Dans cette affaire, ma voix hélas porte peu : le blogueur a réussi à me désigner comme cible. Je le comprendrai plus tard, j'aurais dû immédiatement réagir et pousser le blogueur dans ses retranchements. Mais je ne l'ai pas fait, car je voulais protéger mes candidats. Sans doute espérais-je qu'ils rétabliraient eux-mêmes la vérité. J'ai eu tort. Du coup, mon mutisme conforte le blogueur dans ses certitudes, et il continue à répandre sur Internet l'idée que si je ne réagis pas, c'est parce que je suis effectivement active dans le financement du Front national ! L'affaire va donc durer un mois durant lequel, dès qu'une personnalité publique est filmée à mes côtés, elle est à son tour victime de la même machination : on l'accuse d'être sensible aux idées d'extrême droite. Serait-ce une technique pour m'isoler ? En tout cas, cela tombe pile au moment où commence la campagne de presse de mon éditeur. Il m'a calé des séances de dédicaces dans plusieurs librairies françaises, dans des centres commerciaux, dans les Fnac, y compris en Suisse. Mais la vindicte lancée contre moi est si perturbante, j'en suis si bouleversée que j'annule la plupart de mes signatures. Je suis profondément sidérée par ces attaques car elles me sont insupportables : je suis juive, c'est vrai, et j'aime ma religion. Mais jamais, au grand jamais, je n'ai eu le moindre mot, la moindre pensée contre les musulmans. D'abord parce que j'ai grandi dans un milieu où le racisme n'existait pas. Jamais je n'ai entendu mes grands-parents proférer ne serait-ce qu'une critique contre l'islam ni d'ailleurs envers aucune autre religion. Du coup, le respect des religions, quelles qu'elles soient, et des cultures différentes de la mienne, m'est naturel. Je suis donc profondément blessée par ces accusations particulièrement injustes. Quant à financer le Front national… C'est tout bonnement ridicule. N'empêche que durant ce mois-là, mon moral est au plus bas. Je suis à fleur de peau, je peine à me concentrer, je pleure pour un rien, les accusations du blogueur, relayées par des centaines voire des milliers d'internautes, deviennent une obsession et m'enlèvent toute énergie pour lancer mon livre. Pire, quand ce n'est pas moi qui décline les signatures, ce sont les exposants eux-mêmes : ils se disent désolés mais contraints de céder devant les menaces téléphoniques qu'ils reçoivent. Quand ces menaces dépassent les frontières de la France, quand la Fnac de Genève fait savoir qu'elle supprime ma séance de dédicaces, mon sang ne fait qu'un tour : là, ça va trop loin. Même hors de France ce blogueur parvient à me faire une réputation abominable ? Je contacte les responsables du magasin et les supplie : « Si vous annulez mes signatures, vous me condamnez ! Je n'ai rien fait ! Regardez toutes mes publications sur les réseaux sociaux, jamais vous ne trouverez de propos islamophobes, car je ne le suis pas ! »

Courageux, les responsables du magasin acceptent de maintenir la séance. J'y resterai deux heures, encadrée de quatre gardes du corps impressionnants… Sans doute trop impressionnants pour le public ! Autant dire que je n'ai pas vendu beaucoup de bouquins ce jour-là…

Toutes les enseignes n'auront pas le même courage : un magasin annule notre rendez-vous au dernier moment. Un coup de téléphone anonyme les a avertis que si je venais, la boutique brûlerait...

Plus grave encore, et il s'agit du souvenir le plus violent que je conserve de cette période, que je n'oublierai ni ne pardonnerai : mes filles sont également insultées sur les réseaux sociaux, et même menacées de mort. Je reçois des messages privés m'assurant qu'on va leur faire la peau. Mes filles ! Des enfants ! Juste pour m'atteindre ! C'est insupportable, et je suis contrainte, là encore, de porter plainte.

Mais a posteriori, j'admets avoir fait une erreur : je n'aurais pas dû garder le silence. J'ai été mal conseillée, influencée par certaines personnes selon qui, quand quelqu'un est publiquement accusé de racisme et qu'il réagit, il empire les choses : le fait de chercher à se justifier prouverait qu'on est mal à l'aise avec l'accusation et donc « qu'il n'y a pas de fumée sans feu »...

J'ai eu tort d'accorder du crédit à cette analyse. J'aurais dû prendre la parole publiquement et expliquer que, bien évidemment, ces fly n'étaient en aucune façon passés par l'agence. J'aurais dû dire la vérité, raconter que mes candidats avaient posté ce message sans m'en parler. Et j'aurais dû cesser de les protéger, eux qui se gardaient bien de me dédouaner ! En me taisant, j'ai donné du grain à moudre à ce blogueur qui a trouvé la faille et envenimé un peu plus les choses chaque jour.

Morale de l'histoire, qui me servira par la suite : j'ai trop souvent endossé des responsabilités en lieu et place de mes candidats sans toujours peser l'impact que cela pouvait avoir sur moi personnellement ou sur l'agence.

Là encore, une fois de plus, j'aurais dû suivre mon intuition et désamorcer immédiatement la bombe.

Heureusement, ce bad buzz va prendre fin grâce à l'initiative de l'épouse de ce blogueur. À plusieurs reprises, elle a tenté de me contacter, mais j'ai chaque fois refusé de lui parler, fidèle à mon principe de ne pas dialoguer avec ceux qui m'insultent ni avec leur entourage. Devant son insistance, je finis par accepter de la rencontrer et elle arrive de Dubaï. Nous allons discuter trois heures durant de la situation : elle comprend que je suis absolument sincère et que je n'ai aucun parti pris, ni contre l'islam ni contre les musulmans. Elle semble en déduire que son mari et elle ont été influencés par des tierces personnes qui cherchaient à nuire à mon agence. À cette occasion, elle va d'ailleurs me montrer certains des échanges qu'elle a eus avec lesdites personnes. J'acquiers ainsi la conviction que dans ce très bad buzz, une partie seulement des commentaires émanait bien de personnes honnêtement choquées par la réputation d'islamophobie qui m'était faite… Et que les autres étaient eux-mêmes manipulés, voire, parfois sans le savoir, à la solde des concurrents de Shauna Events qui cherchent à me nuire coûte que coûte…

Ce blogueur et son épouse regrettent de m'avoir causé du tort, et m'affirment que cela n'arrivera plus. J'en suis bien sûr soulagée et j'accepte leurs excuses, mais une fois de plus, je me rends compte que personne ne cherche à vérifier la véracité des accusations lancées sur les réseaux sociaux, très souvent de façon anonyme. Y compris lorsqu'elles sont gravissimes et peuvent avoir des conséquences dangereuses.

Derrière ces *fake news*, il y a parfois d'anciennes relations avec qui l'on s'est fâché et qui cherchent à se venger. Mais il y a aussi, et encore plus souvent, des concurrents qui cherchent tout simplement à décrédibiliser Shauna Events. Le monde du business est impitoyable, et l'honnêteté pas forcément la valeur la mieux partagée. Rusés, certains adversaires investissent un internaute d'une mission, évidemment rémunérée, souvent grassement : en général, ils font appel à un blogueur connu sur les réseaux, et le chargent de lancer une fake news, la plus désobligeante possible, et de tout faire pour qu'elle soit relayée au maximum. Il n'y a plus qu'à attendre que le buzz fasse son effet… La rumeur enfle à la vitesse de l'éclair.

Sur les réseaux sociaux, il est si facile de faire naître une rumeur ! Si facile de harceler quelqu'un ! Tout cela m'a aguerrie. Dorénavant, lorsque mon agence ou moi-même sommes victimes de ce genre de cabales, je charge mes avocats de porter plainte. Le monde des réseaux sociaux est impitoyable.

9

Oser mélanger les genres

J’ai une immense chance : j’ai été élevée par un grand-père qui m’a appris à ne jamais avoir honte. Je l’entends encore me répéter : « Fais ce que tu crois devoir faire, ma princesse ! Tu ne dois jamais avoir honte de rien. Jamais. »

En me lançant dans l’aventure Shauna Events, j’ai fait le pari de la liberté, celle d’être ma propre patronne. Et ce quels que soient les embûches, les coups du sort et les coups de Jarnac de mes adversaires… Et dans mon milieu professionnel, des adversaires, il y en a un paquet : ça fait partie du jeu. Une seule chose me déplaît : l’ennui. C’est pourquoi je suis toujours en mouvement. Je suis un être empli de curiosité, et la plupart du temps ce que je ne connais pas m’intrigue. Je vis les choses avec passion, j’ai de l’appétit pour la vie, un appétit d’enfant, de gamine, de femme. Et il se trouve que je me contrefiche des genres.

Shauna Events, mon agence, est née au printemps 2016. En quelques mois, j'ai fait du chemin avec mes premiers candidats. Peu à peu, le bouche à oreille aidant, Shauna Events accueille presque chaque jour de nouveaux profils : certains ont déjà de nombreux followers, d'autres moins, mais je ne les éloigne pas pour autant. Je commence à avoir une bonne connaissance des émissions de téléréalité, à comprendre lesquelles marchent et pourquoi. *Les Marseillais*, par exemple, diffusée sur W9, est produite par Banijay et elle cartonne. Idem pour *Les Anges de la téléréalité* sur NRJ12, produite par La Grosse Équipe : son concept fait qu'elle traverse les années sans mollir. Rebaptisée *Les Anges*, elle est à l'antenne depuis 2011.

Avec ces deux émissions, de nouvelles candidates emblématiques me font confiance : Jessica Thivenin des *Marseillais* a déjà à l'époque plus d'un million de followers (elle multipliera ce chiffre par six) et Amélie Neten, qui a fait *Secret Story* et *Les Anges de la téléréalité* est également très suivie. Carla Moreau, Milla Jasmine, Raphaël Pépin, et tant d'autres… En quelques mois, des candidats emblématiques de la téléréalité viennent signer dans mon agence. Je suis la plus heureuse des cheffes d'entreprise. Mais j'ose avoir encore plus d'envies : je souhaite convaincre un autre type de célébrités de rejoindre Shauna Events afin d'élargir ma clientèle de marques : elles trouveront un grand intérêt à placer leurs produits auprès de stars du petit écran, animateurs ou présentateurs. Sauf que les vedettes que je contacte font la fine bouche. Je comprends vite qu'elles n'ont pas envie de « s'abaisser » au même niveau que des candidats de téléréalité – ce qui est très insultant pour ces derniers. Comme je l'ai raconté dans mon premier livre, des chroniqueurs de *TPMP* acceptent de travailler avec moi. Je les ai contactés justement parce que je les sais très critiques envers la téléréalité ! J'ai le pressentiment que si nous nous rencontrons, je serai capable de les convaincre... Et c'est bien ce qui va se passer, et va me permettre de faire basculer le destin de Shauna Events. La voilà, c'est elle, la fameuse intuition qu'il ne faut pas sous-estimer ! En effet, très rapidement, mon fonctionnement, ma sincérité et mon business model vont les intéresser. Voilà que les piliers de *TPMP* acceptent de travailler avec Shauna Events. Ils ont beaucoup moins de followers que les candidats de téléréalité, mais c'est un autre domaine.

Tous les quinze jours, je vais les voir dans les couloirs de *TPMP* pour leur apporter les articles dont ils vont faire la publicité : vêtements, thés, bonbons, produits de beauté... Je fais donc ce que je sais très bien faire : vendre des produits pour mes clients. Mais l'aventure avec *TPMP* ne fait que commencer.

Je ne connais quasiment pas Cyril Hanouna que je ne fais que croiser dans les couloirs, mais il se montre toujours agréable et souriant. Au fil des semaines, il semble de plus en plus intrigué par mon métier. Il faut dire qu'en grand professionnel de l'animation et de la communication, Cyril est toujours à l'affût de la nouveauté. Il s'intéresse à ce nouvel essor du placement de produits, au point de décider d'en faire un thème de la chronique Médias de son émission. Quand son équipe me demande si je serais d'accord pour y participer, je n'ai pas une seconde d'hésitation. Certes, je n'ai jamais fait de télé. Mais je connais extrêmement bien mon métier et je suis douée pour en parler : l'expliquer ne devrait pas me poser de problème. Alors pourquoi ne pas oser ? Impossible de reculer devant cette incroyable opportunité qui m'est faite. *TPMP*, c'est un peu le mastodonte des talk-shows de la télévision française, et c'est une émission que je connais très bien, toutes proportions gardées, c'est ma Madeleine de Proust : plus jeune, je la regardais dans mon canapé à Juan-les-Pins ! Elle incarnait pour moi, adolescente, le monde inaccessible de la télévision, des paillettes et des stars. Aujourd'hui encore, j'adore les émissions de débat, et aucune ne mêle avec autant d'audace les anonymes et les personnages publics. C'est donc un immense challenge pour moi d'y participer. Bien entendu, j'ai le trac. Un immense trac même ! Mais je dois dépasser mes peurs.

Mon premier passage en direct en 2017 me marquera à jamais. Quelques minutes avant l'antenne, je réalise l'incongruité de la scène : pourquoi suis-je assise sur le plateau de ce talk-show qui draine entre un et deux millions de téléspectateurs, moi, la petite courtière en assurances du sud de la France ? Comment suis-je arrivée ici ? Mes oreilles bourdonnent, j'ai l'impression d'avoir atterri sur une autre planète. Et puis le direct est lancé, Cyril Hanouna me regarde droit dans les yeux et me parle, avec sa simplicité habituelle : c'est parti. Le résultat est à la hauteur de mon ambition puisqu'il convient à Cyril ! C'est tout ce qui m'importe. Et il est très bienveillant avec moi. Ainsi, je vais faire mon apprentissage sur ce plateau. Cinq années d'une richesse folle… Cinq années qui, lorsque je me retourne sur elles, me font encore plus réaliser à quel point « oser » stimule la force, l'énergie qui est en nous, et ouvre la porte à la chance.

Rendez-vous compte ! Depuis cette première chronique médias, moi qui ne connaissais rien à la télé, qui étais d'un coup assise, tremblante, aux côtés de chroniqueurs et journalistes très expérimentés, je me suis très vite retrouvée en plateau quasiment tous les vendredis. Moi, la petite nouvelle, qui n'avais jamais fait de télé auparavant, j'ai enchaîné les prime time. J'ai participé à *TPMP People*, aux émissions *Before* de *TPMP*, bref: moi qui suis sans doute, sur le plateau de Cyril Hanouna, celle qui était la moins destinée à percer dans ce monde de la télé et des médias, j'en fais dorénavant partie. Moi qui mettais toute mon énergie à construire un nouveau métier lié aux réseaux sociaux, me voilà dans cette situation incroyable, quatre ans après mes débuts. C'est aussi la preuve qu'il ne faut jamais sous-estimer ses propres compétences.

Ce que j'aime dans cette émission, c'est que cela m'a permis d'échanger avec des pointures, avec des personnages publics auxquels je voue parfois une véritable admiration. Cela va être le cas avec la ministre chargée de l'Égalité entre les femmes et les hommes, Élisabeth Moreno, en novembre 2021 : nous débattons de la place des influenceuses et des dérives possibles de la téléréalité. Lors de cette émission, la ministre annonce qu'elle va convoquer tous les producteurs d'émissions de téléréalité pour leur expliquer l'impact qu'ils ont sur la jeunesse et les exhorter à poser certaines limites. Le débat se poursuit sur la chirurgie esthétique, et la ministre m'écoute calmement défendre mon point de vue : j'estime que les jeunes femmes stars de téléréalité n'ont pas toutes le même profil, et que, refaites ou pas, elles sont vraiment représentatives de la jeunesse de France. Un point de vue que je vais pouvoir lui expliquer beaucoup plus longuement un peu plus tard quand elle me recevra dans son bureau au ministère.

Je lui explique alors que les candidats de téléréalité sont d'une grande diversité, et que pour moi c'est cela, la tolérance : parmi les candidates, il y a des filles qui sont refaites, d'autres pas du tout, des filles qui prônent le naturel et d'autres que le superficiel ne dérange pas, des filles qui aiment briller, des filles qui préfèrent la discrétion, des filles qui prônent le célibat, d'autres qui aiment afficher leur couple... Quand on regarde les candidats de façon générale, garçons ou filles, ils sont vraiment très différents, à tous points de vue, physique et mental. Et il serait temps que les médias se rendent compte que c'est ça la jeunesse française : des êtres très divers, tolérants, qui demandent simplement qu'on les laisse être qui ils souhaitent au lieu de leur renvoyer une image douteuse, de les cataloguer avec un certain mépris, de leur reprocher d'être surfaits. Ils ont une identité marquée, ce sont de véritables « personnages » avec des caractères souvent forts, et leur diversité fait que, forcément, on en aime certains et pas d'autres. Quand ils sont critiqués sur les réseaux sociaux, je leur explique qu'ils ne peuvent pas plaire à tout le monde, que ceux qui les aiment s'identificnt à eux, et que ceux qui ne les aiment pas s'identifient à d'autres. J'explique donc tout cela à la ministre en lui montrant les comptes Instagram de plusieurs de mes candidates, des filles refaites, d'autres très naturelles, certaines qui mettent des filtres sur leurs profils, d'autres sans filtre, et Élisabeth Moreno comprend ainsi qu'il existe beaucoup d'idées reçues sur ces jeunes, et qu'en les regardant avec un peu plus de bienveillance on se rend bien vite compte que ce sont tout simplement des êtres humains, dans toute leur diversité et richesse. La ministre se montre tout au long de cet échange très à l'écoute, elle n'est jamais agressive ni méprisante. J'ai l'habitude que l'on me traite avec excès : soit l'on se gausse de mon métier, et à travers lui, de moi. Ou bien, au contraire, on me félicite d'être devenue une businesswoman alors que rien dans mon parcours ne m'y destinait. Élisabeth Moreno, elle, s'adresse à moi comme si j'étais, tout simplement, son égale. Et ça me fait un bien fou. Elle parle avec fermeté de son combat pour protéger la jeunesse, mais elle le fait avec gentillesse et bienveillance. Pour moi, débattre avec une ministre est très valorisant, mais parler avec Élisabeth Moreno a été plus que cela : un échange humain très enrichissant, et je lui voue un respect et une tendresse particuliers.

Il faut dire que je l'ai rencontrée à une période où j'étais assez fatiguée après avoir traversé une année très difficile. Mon moral était en baisse.

Je n'avais pas encore vraiment surmonté le décès de ma grand-mère, j'avais subi un harcèlement très cruel en ligne, et environ un mois et demi avant cette rencontre ma belle-sœur avait été sauvagement assassinée… Or, quand Mme Moreno m'a reçue, la première chose qu'elle a faite a été de me présenter ses condoléances, pour Stéphane, pour moi, pour nos nièces. Cela m'a beaucoup touchée. Et après une bonne heure de discussion, au moment de la quitter, je l'ai sentie très consciente du mépris contre lequel je dois quotidiennement lutter, et elle a eu pour moi des paroles d'une grande gentillesse, extrêmement réconfortantes et motivantes, me disant en substance : « Ne vous laissez pas démoraliser par les critiques, vous êtes une femme bien, une travailleuse, si vous en êtes là aujourd'hui, c'est parce que vous avez tout donné pour y arriver, vous l'avez mérité, grâce à votre énergie et parce que vous ne lâchez rien. »

Des paroles qui m'ont revigorée, relancée, redonné l'envie de montrer de quoi je suis capable. C'est d'ailleurs après cette rencontre que j'ai décidé de lancer ma chaîne YouTube et d'aller interviewer des politiques…

Pour moi, *Touche pas à mon poste* est une passionnante aventure. Aujourd'hui, bientôt cinq ans après y avoir fait mes débuts comme chroniqueuse, j'ai acquis une confiance en moi qui fait que je peux facilement prendre la parole sur des thèmes importants et extrêmement divers. Je me sens impliquée dans de nombreux sujets de société. Sur le plateau, je parle de téléréalité, bien sûr, des influenceurs, mais aussi de sujets profonds et délicats, comme le harcèlement, l'homophobie, le handicap… Les thèmes abordés sont très variés, et me retrouver à discuter avec tous les chroniqueurs m'apporte aussi énormément. Cette émission phare du petit écran me plaît particulièrement parce que l'on peut y débattre. C'est la seule qui donne réellement la parole à tout le monde : aucun boycott d'un invité à cause de son statut social, de sa place dans la société ou de son physique. Une émission dans laquelle on m'a acceptée alors que je venais de nulle part, dans laquelle on m'a laissée grandir et faire mes preuves. Aucune autre émission du PAF ne m'aurait donné une chance pareille, à moi qui n'étais ni une célébrité, ni une animatrice, ni une journaliste, ni une historienne, sociologue, romancière, intellectuelle, bref : moi qui ne faisais pas partie du sérail. Le sérail, *TPMP* s'en fiche, et c'est extrêmement rare à la télé. En 2015, lorsque j'ai publié un livre qui relatait les premiers épisodes de ma vie, je me suis sentie ignorée par les médias *mainstream*, ignorée parce que liée à l'univers de la téléréalité. Je l'ai mal vécu, finalement ma revanche, je l'ai eue, puisque ce livre s'est très bien vendu…

Mon histoire avec *TPMP* m'est d'abord précieuse humainement. Elle me vaut aussi son lot d'attaques, voire d'insultes. À ceux qui critiquent mes interventions sur les réseaux sociaux, qui me traitent élégamment de « potiche de service » de l'émission, je réponds que, souvent, lorsque je quitte le plateau, je me sens plus intelligente et plus cultivée, et que cette sensation m'emplit d'une joie qui est beaucoup, beaucoup trop précieuse pour que je laisse leurs insultes m'atteindre !

En 2018, j'ai été également contactée par Studio 89, la société de production des *Princes et Princesses de l'amour*, pour y apparaître en tant que directrice d'agence d'influenceurs : ce rôle-là, je l'endosse sans difficultés puisque c'est le mien. Il faut dire que la production m'a immédiatement mise à l'aise : « Nous voulons que tu sois naturelle. »

Je me suis donc tout de suite sentie à ma place, maîtresse de mes reparties et de mes actions. Au passage, je n'ai personnellement eu qu'à me féliciter, lors de chaque tournage et de chaque intervention en plateau, du travail des différentes productions auxquelles j'ai eu affaire. C'est pourquoi les accusations qui parfois fusent, relayées par certains blogueurs ou internautes, me semblent absolument farfelues. Les producteurs sont dans une logique professionnelle et ils savent bien que traiter les gens avec gentillesse et respect les fait se sentir plus à l'aise et donc meilleurs.

Pour ma part, j'ose mélanger les genres et ce n'est pas un comportement fréquent.

Souvent les chaînes refusent d'être associées à la téléréalité, souvent les acteurs de cinéma ne se mélangent pas avec les acteurs du petit écran et les chroniqueurs ne frayent pas avec les animateurs. Contrairement aux pays anglo-saxons, la France a besoin d'enfermer ses personnages publics dans un cadre. Or, moi, je ne supporte pas d'être encadrée ! J'aime varier les rôles. J'aime être une cheffe d'entreprise à la tête d'une société qui marche bien. J'aime être une femme dans le monde du e-business, très majoritairement masculin. Mais j'aime aussi les paillettes et les lumières des plateaux de télé !

Cela me plaît de montrer des facettes différentes de ma personnalité. Je veux bien apparaître naïve, voire victime de l'ironie d'autres chroniqueurs dans *TPMP*, parce que je sais que, sur le même plateau, je vais aussi pouvoir revêtir un costume beaucoup plus sérieux et offensif lorsque l'occasion se présentera, par exemple pour défendre les influenceuses qui se sont rendues chez Marlène Schiappa. J'aime être vue comme une chroniqueuse plus légère l'après-midi et le soir donner une conférence sur le monde de l'influence dans un amphithéâtre de l'ISEG, l'Institut supérieur d'entrepreneurial et de gestion, ou dans la salle du cinéma Le Grand Rex à Paris, devant deux cents étudiants d'écoles de commerce. J'aime surprendre les autres, mais j'aime avant tout me surprendre moi-même.

Cela me réjouit, lorsque je marche sur un trottoir, d'entendre et de voir comment les gens parlent de moi. Nombreux sont ceux qui me reconnaissent. J'entends « Regarde, c'est Magali Berdah ! »

Bien entendu, cela flatte l'ego d'être reconnue dans la rue. Mais c'est aussi sociologiquement très amusant : si les gens identifient la Magali Berdah des *Princes de l'amour*, émission de téléréalité dans laquelle j'incarne une directrice, ils n'osent pas venir me parler, ils restent sur la réserve. Alors que s'ils reconnaissent la Magali Berdah chroniqueuse « légère » de *TPMP*, ou la Magali de mes vidéos sur Snapchat ou Instagram, ils viennent vers moi pour me parler, rigoler avec moi comme si nous étions de vraies connaissances, et je trouve cela très marrant.

Plus sérieusement, je note en tout cas qu'une fois de plus ce mélange des genres choque beaucoup moins lorsqu'il est tenté par un homme public que par une femme. Cyril Hanouna, à qui je voue une fidélité et une estime profondes, et bien d'autres stars du petit écran, sont à la fois chefs d'entreprise, producteurs et animateurs :

cela ne dérange personne. Moi, en revanche, je reçois un certain nombre de messages désobligeants après chacun de mes passages à *TPMP*, au motif qu'une entrepreneuse ne serait pas à sa place sur un plateau de télé…

Or, j'aime revêtir toutes ces casquettes, j'aime qu'on ne puisse pas me coller d'étiquette précise. Et je constate que cette singularité assumée trouve de l'écho auprès de ceux qui savent analyser l'évolution de la société. Cela a été le cas d'Hugues Dangy que j'ai rencontré en 2017 lorsque Shauna Events s'est associée avec Banijay, la société de Stéphane Courbit. Je me connais bien, je sais ce que je vaux : en techniques commerciales, je crois pouvoir dire que je suis une vraie professionnelle. Mais je n'étais pas assez formée à la gestion d'une si grosse entreprise. Ma société a grandi trop vite, je me suis vite sentie dépassée par les événements, et en danger. Mes déboires passés avec ma société dans les assurances ont laissé des traces. Stéphane Courbit, pour qui j'ai une profonde admiration, m'a mise en relation avec Hugues Dangy, l'un des papes de la gestion d'entreprises. Hugues est tout l'opposé de moi : d'un look discret et très classique, il s'astreint à une discipline sportive quotidienne. Il est pour moi une sorte de professeur extrêmement exigeant mais bienveillant. Il sait m'indiquer les bonnes directions, me stopper net lorsque je fais fausse route, m'imposer des limites, m'engueuler s'il estime que je le mérite... C'est lui qui m'a appris à savoir dire non. Et dans mon métier, savoir dire non est presque aussi important que savoir où et quand foncer.

Dans le monde du business, ce n'est pas un secret, les femmes ne sont pas traitées comme les égales des hommes. Depuis que je travaille, donc depuis mes quatorze ans, et quel qu'ait été mon emploi, je l'ai toujours vérifié : une femme est plus facilement rabaissée, humiliée, regardée de haut. Cette discrimination semble poussée à son paroxysme lorsqu'on arrive dans les hautes sphères du business. Dans l'esprit des patrons comme des employés, une femme est forcément plus fragile, et donc plus faible qu'un homme. Même si elle prouve qu'elle a les mêmes capacités, peu importe, elle sera la plupart du temps considérée avec une légère suffisance, voire un réel mépris, par les hommes, mais aussi parfois, et c'est le comble, par certaines femmes. Et souvent avec jalousie. Pour ma part, je ressens régulièrement cela. Mais ce mépris, cette condescendance n'ont pas d'impact sur moi, tout simplement parce que je me sens l'égale de l'homme. Je n'ai pas du tout peur de la comparaison. Et dans mon métier, peu importe celui ou celle que j'ai en face de moi, dès que je sens du mépris, je le ou la recadre aussitôt. Et je parle comme parlerait un homme. Il faut oser s'affirmer à chaque étape de sa vie professionnelle. D'autant plus, évidemment, si l'on est mère de famille. Car il est tellement facile d'attaquer une businesswoman sur ce qui est souvent, je le reconnais, le « maillon faible » de sa cotte de maille : ses enfants !

Étrangement, sur ce sujet, le XXIe siècle ne diffère pas beaucoup du XXe, voire des siècles précédents : qui songerait à s'infiltrer sournoisement dans l'intimité d'un père de famille pour pouvoir l'attaquer au motif qu'un homme qui a des enfants ne peut exercer un métier qui l'empêche de les élever dans des conditions optimales ? Et peu importe de quel métier l'on parle, en 2022 c'est toujours la même chose : qu'il soit chef d'entreprise ou maçon, influenceur ou ouvrier, animateur ou boulanger, l'homme peut être père de famille sans prêter pour autant le flanc aux critiques les plus acerbes. Sans qu'on lui reproche d'abandonner ses enfants.

Alors, avouons-le tout de suite : être businesswoman et maman de trois filles, c'est très compliqué. La chef d'entreprise qui fait tourner une société de quarante salariés et qui affirme réussir à s'occuper autant de ses enfants que si elle était mère au foyer ment. Ne soyons pas hypocrites : bien sûr que mes filles ressentent une certaine frustration, bien sûr qu'elles aimeraient me voir plus, dîner avec moi tous les soirs et que je les accompagne à l'école. C'est une certitude. Et cette vie, je la leur ai imposée. Mais pour elles comme pour moi, cette façon de vivre a des atouts majeurs : d'abord, et ça compte, je suis professionnellement totalement épanouie depuis que j'ai lancé Shauna Events, depuis que je participe à *Touche pas à mon poste*, depuis que je joue mon rôle dans une série de téléréalité, depuis que je donne des conférences sur le monde des influenceurs. En cinq ans, qui sont passés à la vitesse de l'éclair, j'ai appris énormément de choses. Et j'en apprends encore chaque jour. Du coup, je suis une mère joyeuse et je travaille dur pour mettre mes filles à l'abri. S'il m'arrive quelque chose, elles auront de quoi vivre. Personnellement, je me suis « faite toute seule », comme on dit, sans aucune aide financière de ma famille. J'ai grandi avec l'amour de ma grand-mère, et c'était le plus important, mais sans assise matérielle, et j'ai traversé quelques années extrêmement difficiles financièrement et psychologiquement. Cela explique sans doute qu'il soit inenvisageable pour moi que mes filles puissent un jour se retrouver dans une impasse telle que celle où je me suis trouvée enfermée, un cul-de-sac avec des dettes et des tentatives désespérées pour les éponger. Dès que je songe à cette période, à mon mal-être d'alors, l'angoisse m'étreint. De ce côté-là, je sais donc que, grâce à l'argent que je gagne durement, elles seront à l'abri. Le problème est que, du coup, j'en ai bien conscience, je vis, j'agis, je m'investis pour leur futur beaucoup plus que dans leur présent.

En travaillant comme je le fais, quasiment non stop sauf quand je dors – et je dors peu – je ne m'occupe bien évidemment pas suffisamment d'elles. Je sais que j'ai tort, mais je fais des efforts pour parvenir à être plus présente au quotidien. Oui, des efforts, car pour passer plus de temps avec elles je suis contrainte d'apprendre à déléguer un peu plus mes responsabilités professionnelles, tout au moins lorsqu'elles sont à mes côtés. Petites, elles ont appris à vivre avec leur père durant la semaine et avec une mère travaillant à Paris et ne rentrant que le week-end. Puis, lorsque Samuel et moi nous sommes séparés, nous avons mis au point une alternance qui semblait être la meilleure solution pour elles : les deux plus jeunes vivent avec leur père la semaine et passent un week-end sur deux et la moitié des vacances scolaires avec moi. Une répartition qui ressemble à s'y méprendre à celle établie chez 99 % des couples divorcés… Mais d'habitude, c'est le père qui voit ses enfants un week-end sur deux, pas la mère ! Là encore, mon statut maternel est donc bien différent de « la normale ». Shauna, l'aînée, vit avec moi depuis qu'elle a été déscolarisée suite au harcèlement scolaire dont j'ai parlé plus tôt et, à quatorze ans, elle est déjà très indépendante. Je suis rassurée quant à son avenir. Elle apprend à mes côtés la valeur de l'effort. Elle connaît déjà les bases du business. Elle est dégourdie. Aussi imparfaite que je puisse être en tant que mère, je lui ai tout de même enseigné cela. Elle est autonome, et ce sera une femme forte, j'en suis certaine. Pour mes deux autres filles, j'essaye, lorsque nous sommes ensemble, c'est-à-dire un week-end sur deux et la moitié des vacances scolaires, de passer de vrais moments de qualité avec elles. Je fais en sorte que ce temps-là leur soit vraiment réservé. Avant, lorsque je vivais encore avec leur père à Juan-les-Pins mais que j'étais basée à Paris et que je les retrouvais tous les week-ends, je n'étais pas suffisamment épanouie pour profiter de ce fameux « moment présent » avec elles. J'étais évidemment très heureuse de les retrouver, mais j'étais aussi stressée par mes nouvelles responsabilités de cheffe d'entreprise, et surtout en porte à faux vis-à-vis de mon ex-mari dont je me détachais sans oser me l'avouer. Mes filles et moi entretenons à présent des relations beaucoup plus sereines et joyeuses, mais j'ai bien conscience que j'ai une « dette de temps » vis-à-vis d'elles. Pourtant, je pense vraiment qu'une femme ne doit pas se priver de faire le métier qu'elle aime parce qu'elle est mère. Ma carrière a rendu ma fille aînée forte. Je suis fière d'elle, elle a traversé elle aussi des moments compliqués liés aux embûches de mon milieu professionnel, mais je sais qu'elle est un roc. Je conseille à toutes les mamans de ne pas se laisser culpabiliser par leur entourage, qu'il soit familial ou plus éloigné. Si elles sont inspirées par le business, qu'elles foncent. Là encore, une femme doit oser deux fois plus qu'un homme, un père de famille à qui on ne reprochera jamais de finir à vingt-deux heures ou de bosser le week-end. On ne les juge pas sur leur rôle de père. Le seul critère, c'est l'amour : je crois vraiment qu'à partir du moment où une femme aime profondément ses enfants, elle est une bonne maman. Nous sommes tous des êtres différents et les mères sont toutes différentes. Mais à partir du moment où nous aimons profondément nos enfants et où nous les traitons avec affection, personne n'a le droit de nous juger. Pourtant, sur les réseaux sociaux, je suis jugée en permanence. Dès que je poste une photo ou une vidéo, fleurissent des commentaires sexistes et réducteurs du style : « Va t'occuper de tes filles. »

Il n'y a pas ce type de phrases sous les photos postées par des hommes. Avant, cela me blessait. Plus maintenant.

Pour ma part, j'apprends en marchant et en trébuchant : seule l'expérience me fait avancer. Dans la gestion de mon entreprise, j'ai commis des erreurs, j'ai pris de mauvaises décisions, j'ai parfois cédé au chantage, à la pression, et au contraire, à d'autres moments, j'ai foncé comme une tête brûlée. Je me suis beaucoup cassé la figure. Oser faire des erreurs rend à la fois plus humble et plus solide.

Parfois, certains de mes candidats quittent mon agence. Dans une entreprise de deux cents personnes, les salariés vont et viennent, quittent la boîte ; de nouvelles recrues y entrent. Démissions, licenciements, arrivées… Banal. Shauna Events fonctionne de la même façon : certains influenceurs sont chez moi depuis sa création, comme Jessica Thivenin ou Amélie Neten, Milla Jasmine. Je les appelle « mes historiques ». D'autres en sont partis. Certains ont quitté l'agence pour y revenir quelques mois plus tard. D'autres sont arrivés en cours de route.

Mon travail est d'avoir une agence de communication dans le marketing digital. Mais en réalité, avec mes influenceurs, je m'implique beaucoup plus que cela, et c'est ce qui fait ma force… et ma faiblesse. Quand mes candidats me quittent, cela me touche, car je suis attachée à eux. Ils sont un peu mes enfants, mes petits frères et petites sœurs, mes amis. Je les aime, je les engueule, je les couve, je les bouscule, je les pousse au bout de leurs possibilités. Et, pour eux, je donne le meilleur de moi-même. Mais quand j'estime qu'ils se montrent trop exigeants et que nous ne parvenons pas à trouver un terrain d'entente, nous nous quittons en bons termes. Ils vont tenter leur chance avec une agence concurrente, et je leur souhaite sincèrement bonne chance. Même si quand ils partent, pour certains, cela me touche beaucoup et me fait mal, il faut savoir que jamais je ne cracherai sur eux et que je resterai loyale.

10

Oser conquérir le monde

Mon agence, c'est un peu mon dernier bébé. La formulation n'est pas très originale, j'en ai conscience, mais elle est assez emblématique de la réalité. Voir grandir son enfant est un vrai bonheur, et c'est un peu le sentiment que j'ai eu en ouvrant à Dubai une succursale de Shauna Events au début de l'année 2021. Si j'ai choisi Dubai, ce n'est pas, comme j'ai pu le lire parfois, dans le but d'échapper au fisc : à Dubai, il ne s'agit que d'une filiale de la maison mère. Ma société est française, je n'ai jamais changé ma domiciliation fiscale, je déclare mes revenus en France et j'y paye tous mes impôts. La raison pour laquelle j'ai ouvert cette structure, c'est que Dubai est un peu devenue la capitale des influenceurs venus du monde entier. Je dois reconnaître que pour eux, vivre à Dubai est plus confortable : certains y partent parce qu'il n'y a, dans les Émirats, aucun problème de sécurité, d'autres parce que l'environnement se prête d'une façon extraordinaire à leur travail sur Instagram. L'émirat, avec son architecture ultra-moderne, ses panoramas du haut de la Burj Khalifa, l'une des plus hautes tours du monde, son désert et son infinie possibilité d'activités de plein air, ses restaurants de haute gastronomie et ses nuits très animées, est un paradis pour eux qui doivent se renouveler en permanence et « faire du contenu » différent chaque jour. Dubai est un carrefour entre l'Orient et l'Occident et les conditions de travail y sont optimales. Mais le centre de ma vie professionnelle, et de ma vie tout court, est en France.

Je gagne très confortablement ma vie et je paye donc beaucoup d'impôts : cela me paraît juste, et je suis satisfaite de cette situation pour la simple et bonne raison que j'aime mon pays, celui où j'ai grandi, où j'ai été éduquée, celui où j'ai cru toucher le fond mais où j'ai pu me relever, celui qui me permet d'avoir aujourd'hui acquis une position et un statut social appréciables. Et j'aime Paris, que j'ai découvert assez tard, et sous le charme de laquelle je suis tombée. J'adore le sud de la France, Juan-les-Pins et Antibes où j'ai forgé de somptueux souvenirs d'enfance. Je me sens française, quoi !

Or, ces derniers mois, j'ai compris que « me sentir française » ne me suffisait plus. Que je voulais aussi assumer un rôle citoyen. Quoi, moi, citoyenne ? Cela fera sourire sans doute tous ceux à qui j'ai maintes fois expliqué que je ne votais pas aux élections, quelles qu'elles soient. Il est vrai que lorsque j'étais jeune, je ne m'intéressais pas à la politique et que la seule fois où j'ai mis les pieds dans un bureau de vote, c'est parce que ma grand-mère m'avait persuadée de la suivre pour voter pour Chirac ! Mais les choses évoluent, le monde bouge, et j'ose croire que nous avons tous le droit de changer d'avis, surtout si c'est dans le bon sens. Depuis de longs mois, je m'interroge : pourquoi n'ai-je jusqu'ici jamais voté ? Évidemment, pas par fainéantise, ce n'est pas mon principal trait de caractère. Par manque de temps ? Un peu, probablement... Mais surtout, d'abord, par méconnaissance de la politique, de ses règles, de ses tenants et aboutissants. Pour moi, le monde de la politique s'apparentait jusqu'ici à une sorte de maelström, plutôt glauque si j'en crois les rares instants de débats à l'Assemblée nationale que j'ai pu capter par hasard sur une télévision allumée un mercredi après-midi, ou en tombant sur un débat politique. Au bout de quelques minutes, je me disais immanquablement : je ne comprends rien à ce qu'ils racontent. Le discours des politiques, lorsqu'ils parlent de leur programme en public ou dans les médias, est pour moi beaucoup trop abstrait. Leur vocabulaire, souvent technocratique, ne me donne qu'une envie : zapper. Et c'est bien ce que j'ai expliqué à tous les hommes et femmes politiques que j'ai pu rencontrer en privé. Je représente le monde des influenceurs, une catégorie de Français qui ne votent pas, ou si peu, et qui drainent des millions d'abonnés, souvent jeunes, dont la majorité ne songe même pas à s'inscrire sur une liste électorale. Non pas qu'ils soient « antisystème », mais simplement parce qu'ils ne comprennent pas le langage des politiques. Pour qui voter si le message du candidat est totalement cadenassé ? Ces Français-là ont le sentiment que les candidats aux élections sont très éloignés de leur vie quotidienne. Ils sont exactement sur la même ligne que moi avant que j'ai eu l'occasion de rencontrer des politiques et de discuter avec eux. Lors de ces entretiens, je n'éprouve aucune gêne lorsque je ne comprends pas leurs propos et leur demande de reformuler leur point de vue ou leurs questions. La pédagogie, cela s'apprend et se travaille, et nous finissons toujours par nous comprendre. Avec certains politiques, le dialogue est particulièrement aisé, sans doute parce qu'ils sont jeunes et plus modernes que d'autres. Ils ont le sens de la réalité et comprennent très rapidement dans quel monde j'évolue.

Avant Marlène Schiappa, j'ai ainsi rencontré Gabriel Attal, porte-parole du gouvernement, en mars 2021. J'étais à Monaco à l'hôtel, et pendant un mois j'allais tous les jours voir ma grand-mère qui était hospitalisée en soins intensifs avec la Covid. L'hôpital de Monaco était à l'époque l'un des seuls en France à accepter des visites d'un quart d'heure par jour en réanimation.

Le cabinet de Gabriel Attal m'a contactée par mail : le ministre voulait savoir qui j'étais, comment je travaillais, quels étaient vraiment mon métier, mon rôle et mon regard sur le monde des influenceurs, et il m'a invitée à déjeuner au ministère. Je savais que cette nouvelle allait booster un peu le moral de ma grand-mère, Gabriel Attal était son idole ! Pour elle, il représentait la jeunesse, l'ouverture d'esprit, la réussite. Enthousiasmée par cette perspective – un déjeuner avec le porte-parole du gouvernement –, elle s'est aussitôt mis en tête que j'allais finir ministre ! Elle a appelé les infirmières et leur a dit :

« Ma fille – pour elle, je suis sa fille, pas sa petite-fille – va déjeuner avec Gabriel Attal, ils sont très copains ! »

J'avais beau lui dire « Mamie, je ne le connais même pas ! », elle n'y prêtait pas attention.

J'ai évidemment raconté cet échange à Gabriel Attal, qui a très gentiment accepté lors de notre rencontre de faire une photo avec moi pour que je l'envoie aussitôt à ma grand-mère sur son lit d'hôpital.

La simplicité du porte-parole du gouvernement m'a marquée. J'ai tout de suite vu qu'il captait parfaitement les mécanismes du monde des influenceurs, leur notoriété, leur impact sur leurs millions d'abonnés – pour la plupart des jeunes, mais pas uniquement. Il m'a également très vite montré qu'il comprenait aussi ma façon de les gérer. Je n'avais aucun a priori avant cette rencontre, dont l'objectif était d'échanger sur les bonnes pratiques des réseaux sociaux, mais la fluidité de notre échange a tout de même été une bonne surprise. En effet, il arrive parfois que, dans le monde de l'audiovisuel, certains me prennent de haut : avec Gabriel Attal, je dois dire que je n'ai jamais eu cette sensation désagréable. Il a été le premier personnage politique que j'ai rencontré, et cela a été une énorme surprise pour moi. C'est lui qui m'a fait comprendre que l'on pouvait être un jeune politique tout en étant accueillant, généreux, très à l'écoute, tolérant et gentil. Grâce à lui, je me suis aperçue que la politique n'est pas faite que de personnages barbants ! Il était à la fois très moderne et sérieux et avait beaucoup d'humour.

Il était aussi très habile et percutant dans sa façon d'aborder les problèmes de société dont nous nous sommes entretenus lors de ce déjeuner.

À propos de politique, j'ai aussi lu ici et là que j'aurais été proche de Brigitte Macron : ce n'est pas vrai, même si j'ai une grande admiration pour elle. Cette femme incarne parfaitement la femme du XXIe siècle qui s'assume. Je la trouve très classe, et pour moi son histoire d'amour avec le président de la République, avec la grande différence d'âge qu'ils assument tous les deux, est à la fois éminemment romanesque et follement transgressive : or, la transgression, ça me parle. Tous deux cassent les codes et font évoluer la société, car cela fait tellement plus couler d'encre quand une femme est plus âgée que son compagnon, alors que l'inverse est totalement banalisé ! Je l'apprécie beaucoup, donc, même si je ne suis pas proche d'elle. La méprise vient de ce qu'au début de la vague Covid au printemps 2020, le cabinet du Premier ministre m'a contactée en me demandant s'il serait possible de diffuser l'impact des gestes barrières auprès de mes influenceurs. J'ai accepté, et quasiment tous les membres de l'agence ont diffusé des visuels sur leurs stories, bénévolement bien sûr, car cela me paraissait simplement un devoir citoyen. Pour moi, il était bien normal de mettre à disposition notre visibilité pour une cause juste, c'était même notre devoir.

Au même moment, j'ai contacté la Fondation des hôpitaux de France pour organiser des live avec des célébrités et pour faire des appels aux dons. J'ai donc un peu aidé cette Fondation présidée par Brigitte Macron, d'où sans doute la rumeur de mon entregent auprès de la Première Dame… En réalité, je ne l'avais encore jamais rencontrée. En revanche, en contactant le patron français d'Instagram – car à l'époque, il était encore possible de contacter quelqu'un sur certaines plateformes – j'ai ainsi permis à la Fondation de certifier son compte sur les réseaux sociaux, c'est-à-dire d'obtenir la pastille bleue qui identifie un compte d'organisme public (malheureusement, depuis la fin de l'année 2020 environ, les réseaux sociaux ont totalement changé leur approche et adopté un mutisme total : impossible d'y contacter qui que ce soit. En cas de problème de harcèlement par exemple, aucun échange n'est possible). Je n'ai jamais rencontré la Première Dame, mais elle m'a remerciée par l'intermédiaire de la Fondation.

Pour en revenir à la politique de façon plus générale, à force de croiser et d'échanger avec ses représentants sur divers sujets de société, ma vision de leur monde a évolué : j'ai été particulièrement intéressée et touchée par certains d'entre eux (dont Élisabeth Moreno, Sarah El Haïri et Marlène Schiappa), et je suis toujours étonnée de l'inadéquation entre ce que ces femmes et hommes politiques sont, c'est-à-dire des êtres humains sensibles, curieux des autres et souvent courageux, et l'image que le public a souvent d'eux : celle d'êtres plus ou moins austères et éloignés des préoccupations quotidiennes des Français. C'est cette dichotomie, et mon besoin tout neuf de me sentir utile à mon pays, qui ont fait germer une idée : pourquoi ne pas utiliser mon expérience de communicante et mon goût du business pour rapprocher les politiques et les influenceurs, et, faisant d'une pierre deux coups, leurs abonnés ? Pourquoi ne pas m'investir pour nouer le dialogue entre eux ?

J'ai longuement réfléchi aux possibilités qui m'étaient offertes. Il se trouve que je pensais depuis quelque temps déjà à créer une chaîne YouTube dans laquelle je pourrais traiter d'e-économie et de business, mais aussi évoquer les thèmes de société qui me tiennent à cœur : les violences faites aux femmes, l'homophobie, le racisme, l'antisémitisme, le handicap, etc. Autant de sujets sur lesquels mes influenceurs et moi avons des choses à dire, en y incluant bien sûr l'épineux problème du harcèlement en ligne. Et si j'allais plus loin ? Moi, Magali Berdah, si j'osais m'attaquer à la politique ? J'entends déjà mes détracteurs : qu'ils se rassurent, je n'ai pas, bien sûr, l'intention de faire de la politique… Du moins pas encore. Mais je souhaite m'impliquer et apporter ma modeste contribution à la bonne marche de la société. Les influenceurs sont des citoyens à part entière. Leurs abonnés aussi. Je veux les aider à comprendre, comme moi je l'ai compris, que voter est non seulement un droit mais aussi un devoir. Nous devons tous être acteurs de notre avenir, au même titre que ceux qui s'arrogent le droit de donner leur avis sur les plateaux de télévision.

Magali Berdah en politique : moi qui adore aller là où l'on ne m'attend pas, je pense avoir choisi la bonne direction ! En tant que citoyenne, femme d'affaires, mère de famille, agente de candidats de téléréalité, je me sens capable de me transformer en minichef d'orchestre, en architecte, pour faire se rencontrer virtuellement deux types de candidats : ceux de la téléréalité et les candidats à l'élection présidentielle… Le pari est certes audacieux, mais je n'ai aucun doute sur l'intérêt des hommes et femmes politiques qui veulent élargir leur audience auprès de la jeunesse. Ils ont bien conscience du rôle civique que les influenceurs peuvent jouer puisque leur public est en grande partie formé de la jeunesse qui n'écoute pas la radio et pour qui le journal de 20 heures n'est pas un centre d'intérêt… Alors si les influenceurs appelaient leurs abonnés à aller voter, et si ne serait-ce qu'un dixième de leurs fans se laissait convaincre, cela représenterait déjà plusieurs centaines de milliers de votants supplémentaires !

J'ai alors passé plusieurs journées en immersion avec des candidats à la présidence de la République. Je n'ai pas choisi l'ordre des rencontres : il s'est imposé en fonction de leurs retours, suite à mes sollicitations. Les trois premiers, Éric Zemmour, Jean-Luc Mélenchon et

Marine Le Pen, ont répondu rapidement. Puis Anne Hidalgo. Certains, dont Nicolas Dupont-Aignan, m'ont contactée d'eux-mêmes.

Je ne leur posais pas des questions de journaliste dont je n'ai pas les codes, et c'est aussi pourquoi cette aventure a été vraiment novatrice. Mon but était de montrer vingt-quatre heures d'un candidat en campagne en passant « une journée avec lui », en lui demandant de m'expliquer ce que je ne comprends pas, et en dévoilant ensuite cette immersion sur mes réseaux sociaux. Ainsi mes abonnés, et ceux de mes influenceurs qui souhaitaient partager cette aventure, auraient-ils, je l'espère, les cartes en main pour décrypter enfin le jargon politique et pour décider de s'intéresser, ou non, aux élections.

Éric Zemmour est donc le premier candidat dont je me suis attachée à suivre les pas durant vingt-quatre heures. Lorsque je l'ai contactée, Sarah Knafo, sa conseillère, a accepté d'entrée de jeu le principe de l'immersion. Son staff me propose de les suivre le 14 janvier 2022 : Éric Zemmour doit aller chercher le parrainage et la signature du maire de Honnecourt-sur-Escaut dans le Nord, puis mener une réunion publique à une demi-heure de là, à Saint-Quentin dans l'Aisne. Jean-Pierre Golebiewski est l'un des premiers maires à lui accorder son soutien.

Première découverte pour moi : cette obligation qu'ont les potentiels candidats à l'élection présidentielle à obtenir, parfois à l'arraché, cinq cents signatures de maires qui ainsi les parrainent. Je n'en avais aucune idée et je suis quasiment sûre que de nombreux millions de Français, en tout cas tous ceux qui disent se désintéresser de la politique, l'ignorent également.

À 8 heures du matin, nous voilà donc sur le départ avec mon équipe : deux cameramen, un ingénieur du son, mon assistante et mon agent de sécurité. Mon immersion commence dès le départ de Paris, car le responsable de la communication digitale du futur candidat fait le voyage en notre compagnie. Il est très sympathique, et jeune comme la plupart des membres de l'entourage d'Éric Zemmour que je vais rencontrer ce jour-là. À peine arrivée à Honnecourt-sur-Escaut, j'assiste à l'étape protocolaire et essentielle : la signature du maire. Pour lui comme pour moi, c'est une première fois : il n'a jamais accordé de parrainage auparavant ! Ma mission commence bien, mais l'exercice est compliqué pour mon équipe et pour moi : je suis entourée de dizaines de journalistes, cameramen et preneurs de son très aguerris à ce type de tournage alors que je suis totalement novice en la matière… Mais Sarah Knafo a bien compris l'intérêt d'avoir un regard neuf sur son champion : les journalistes sont priés de sortir, et je suis la seule à être autorisée à rester avec Éric

Zemmour et à l'interviewer. Pour moi, c'est un privilège. Je vais pouvoir lui poser des questions très *cash*, dont celle qui, je pense, plane sur toute la campagne : « Êtes-vous raciste ? »

Il me répond très sereinement. Mais après ma troisième question, d'un coup, tout s'accélère : un autre maire d'un village voisin vient de faire savoir qu'il était d'accord pour lui accorder sa signature, mais il est très pressé. Branle-bas de combat pour l'équipe du candidat, qui file en coup de vent jusqu'à ce nouveau parrain tombé du ciel. Mon équipe et moi ne les quittons pas d'une semelle. Arrivée devant cette nouvelle mairie, j'en profite pour interviewer des jeunes qui attendent « leur » candidat. Je veux comprendre pourquoi ils ont décidé de voter pour Éric Zemmour. L'interview est un exercice à la fois très nouveau pour moi et pourtant familier, car c'est aussi ce qui sous-tend mon métier, moi qui travaille avec une certaine jeunesse : je cherche toujours à comprendre quels sont les problèmes et les envies de mes « candidats »...

Un peu plus tard, la réunion publique qui s'ensuit à Saint-Quentin m'impressionne : j'ai le sentiment d'être au spectacle, dans une salle de concert et l'ambiance qui s'échauffe ! Avec cinq cents personnes des dizaines de drapeaux bleu-blanc-rouge, le palais de Fervaques, la salle municipale où se tient le meeting, est plein à craquer. Je comprends que ces candidats à l'élection doivent connaître à certains moments les mêmes émotions, la même excitation, que celles que ressent une rock star qui s'apprête à monter sur scène… À l'extérieur de la salle, je poursuis mes interviews : le meeting en lui-même ne m'intéresse pas vraiment – je ne comprends pas leur dialogue – les motivations des militants si. Je me tourne surtout vers les jeunes et leurs réflexions m'interpellent, mais je suis tout de même perplexe : mes trois questions à Éric Zemmour ne suffiront pas à alimenter le contenu de ma chaîne YouTube ! Heureusement, son staff a bien identifié mon problème et m'appelle dans les loges à la fin du meeting pour reprendre l'interview. Il est détendu et me répond sans tergiverser, et il rit quand je lui demande s'il me nommera ministre des Réseaux sociaux… Une boutade, bien sûr !

Je repars très satisfaite de cette première immersion : toute latitude m'a été donnée par l'équipe de campagne, j'ai eu un accès privilégié au candidat – que bien des journalistes m'ont envié – nul n'est intervenu pour diriger mes questions… Mais je suis fatiguée. Le rythme de ce candidat à l'élection présidentielle est épuisant ! Et il en va vraisemblablement de même pour tous les autres… Pour la première fois, je me rends compte que ces gens donnent vraiment beaucoup d'eux-mêmes. En ce qui concerne les idées du candidat Éric Zemmour, moi qui ne le connaissais que par le bouche à oreille, je dois dire que certains points se sont éclaircis. Par exemple, il est contre le port du voile mais aussi contre celui de la kippa : donc contre tout signe extérieur de religion.

En me lançant dans ces immersions, il n'était pas question pour moi de privilégier un candidat plutôt qu'un autre ni même de dire lequel m'intéresse particulièrement. Mais je me suis vite rendu compte que dans chaque programme, certains points me plaisent et d'autres beaucoup moins. J'espère que mes vidéos ont donné quelques clés à ceux qui, comme moi, ne votent pas, ou bien votent « comme leur entourage » parce qu'ils se disent qu'ils n'y connaissent et n'y comprennent rien…

Cet exercice, nouveau pour moi, démarre très fort : je lance des « réels » sur Instagram, et ils atteignent rapidement 500 000 à 800 000 vues. Ma chaîne YouTube vient juste de démarrer. Quand je lance ma première vidéo, celle d'Éric Zemmour, j'ai peu d'abonnés, 10 000 environ. Très vite, ma chaîne va engranger des centaines de milliers de vues.

Le deuxième candidat à avoir accepté très simplement ma présence durant vingt-quatre heures est Jean-Luc Mélenchon. Le 24 janvier 2022, je le rejoins donc, avec toute son équipe, à Bordeaux. Je comprends alors que pour tous les candidats, c'est la même équipe de journalistes qui est présente sur place. Il n'y a alors plus aucun effet de surprise dans leurs questions.

Le jour où Jean-Luc Mélenchon donne un meeting au théâtre Fémina, je l'accompagne lors d'une balade le nez au vent dans cette si belle ville. Je suis, là encore, très bien reçue par toute son équipe et le candidat se prête bien volontiers au jeu. Nous croisons des jeunes de dix-sept ans qui, donc, ne votent pas. Pour autant, ils connaissent Jean-Luc Mélenchon, et lui-même semble sincèrement s'intéresser à eux. Ils parlent même philosophie ! J'avoue être positivement impressionnée, moi qui regrettais que les hommes politiques soient tous très éloignés des citoyens… Pour ce que j'en découvre sur le terrain, ce n'est pas le cas de Jean-Luc Mélenchon – qui soit dit en passant se promène tranquillement, sans le moindre service d'ordre à ses côtés. Cette fois encore, je rencontre des militants, des bénévoles. Et, comme avec Éric Zemmour, je pose à Jean-Luc Mélenchon les questions que beaucoup se posent à son sujet : déteste-t-il les riches ? Est-il antisémite ? Je lui pose frontalement les questions que tout le monde se pose. Il rejette ces accusations sans se départir de son calme. Je lui demande également ce qu'il compte faire pour les jeunes, particulièrement ceux issus de quartiers défavorisés, son point de vue sur le voile… Certains sujets abordés avec lui sont pour moi complexes, et je saute sur l'occasion pour les lui faire reformuler jusqu'à être absolument certaine de les avoir bien saisis ! Exemple : je ne le lâche pas, jusqu'à avoir compris exactement où il veut en venir concernant le montant de l'imposition (à savoir, payer 90 % d'impôts sur les salaires perçus au-dessus de 30 000 euros).

Je découvre aussi un Jean-Luc Mélenchon « influenceur » lui-même, avec plus d'un million d'abonnés sur TikTok... Et je termine l'immersion en discutant de la place très importante que nos grands-mères, à tous les deux, ont tenu dans nos vies... Un moment d'émotion sincère.

Je repars de cette immersion avec le même sentiment que pour Éric Zemmour : dans son programme, Jean-Luc Mélenchon propose des axes qui me semblent très intéressants. Et d'autres qui ne me conviennent pas. À chacun de se faire une idée.

Avant d'entamer cette série d'immersions, je l'avoue, j'avais un a priori : pour moi, les candidats à la présidentielle étaient forcément enfermés dans leur tour d'ivoire, inaccessibles. Or j'ai suivi des politiques qui sont des êtres humains, souvent sympathiques, parfois chaleureux et drôles, et j'ai tenu à restituer leurs personnalités telles qu'elles me sont apparues : l'image et le son sont là pour le prouver. Aucun des candidats n'a tenté de censurer ni même de contrôler mes vidéos. En quelques semaines, la vidéo de mon immersion avec Éric Zemmour a fait plus de 600 000 vues, celle avec Jean-Luc Mélenchon, diffusée plus tard, près de 300 000.

J'ai forcé comme une lionne pour obtenir une interview avec Emmanuel Macron. J'ai tapé à toutes les portes. Et j'ai finalement eu le privilège de le rencontrer ! Lorsqu'on m'a appelée pour me confirmer que le président de la République était d'accord, j'étais très enthousiaste. J'en pleurais, j'en tremblais. Pourtant, je ne suis habituellement pas impressionnée par les personnalités. L'après-midi, j'ai assisté à son meeting. Il y avait un monde incroyable. À la fin, je suis allée attendre dans une salle. J'étais très angoissée. Plusieurs fois, des agents de la sécurité ont ouvert la porte. Je croyais qu'il arrivait, alors je me levais, tremblante. J'ai d'abord croisé Brigitte Macron qui s'est présentée à moi et m'a dit savoir qui j'étais. Elle était tellement gentille, j'étais gênée, mal à l'aise. Elle force le respect. Son statut de Première Dame est vraiment impressionnant ! Puis le président est enfin arrivé et m'a serré la main. Il m'a dit : « Alors, on s'assoit, on reste debout ? Vous voulez faire quoi ? » Il avait une telle prestance ! Il me demande : « Alors, à qui je m'adresse ? » Bêtement, je commence à me présenter : « Je suis Magali Berdah... » et là, il rit et me rétorque : « Mais non, je sais qui vous êtes ! Je voulais dire, à quel public est-ce que je m'adresse ? Ce sont de jeunes gens ? » Il est resté au moins vingt minutes avec moi, et a répondu à toutes mes questions. Emmanuel et Brigitte Macron ont été tellement adorables. Ce sont des gens très simples et à la fois ils ont une posture très intimidante. En sortant de l'interview, j'ai fondu en larmes. Tout le stress accumulé pendant ces trois mois durant lesquels j'avais couru après les candidats à la présidentielle retombait.

Ce qui m'a touchée, dans le fait que le président m'ait reçue, c'est que nous étions trois acteurs principaux dans cette campagne : HugoDécrypte, Guillaume Pley et moi. J'avais une chaîne YouTube très récente, avec seulement 20 000 abonnés. Je me suis dit qu'il n'allait jamais me choisir moi ! Pourtant, il m'a reçue. Je pense qu'il n'avait pas le temps de recevoir tout le monde, et qu'il m'a donné cette chance à moi, qui n'étais pas du tout du milieu, pas du tout spécialisée. Car les gens me collent souvent une image légère et peu crédible. Le fait qu'il m'ouvre cette porte m'a donné beaucoup d'espoir. Je me suis dit qu'il ne fallait pas croire aux apparences. Ce n'est pas parce que tu as un million d'abonnés que tu es plus puissant qu'un d'autre ! S'il avait voulu faire un plan de communication, il aurait reçu les autres plutôt que moi. Je le remercie donc de m'avoir donné cette chance.

Suite à mes vidéos d'immersion, de nombreux médias m'ont contactée et interviewée, radios, télé, presse écrite… La grande majorité des journalistes ou animateurs étaient intrigués, mais bienveillants : Apolline de Malherbe sur RMC, Natacha Polony, Philippe Vandel sur Europe 1, France Info, *L'Obs*, *Le Point*, *L'Express*, *Libération*, *Le Figaro*, *Closer*… Seuls *Télérama* et l'émission *Les Grosses Têtes* de Laurent Ruquier m'ont traitée avec mépris. Karine Lemarchand chez Laurent Ruquier a même osé à mon égard un commentaire sexuel insultant et dégradant : elle a insinué que j'ai réussi parce que j'ai « pompé » qui il faut… Le genre de commentaires que l'on retrouve en général dans la bouche des hommes les plus machos qui ne supportent pas les femmes qui s'élèvent dans la hiérarchie sociale : elles ont forcément couché pour y arriver… Moi qui suis une maman de trois enfants, en couple depuis près de quatre ans, qui ai été mariée pendant quinze ans, je me suis sentie particulièrement blessée par ces mots si vulgaires sortant de la bouche d'une autre femme… D'autant qu'elle a elle-même lancé une émission politique et a, selon ce qu'on m'en a rapporté, beaucoup souffert d'être taclée dans les médias qui lui reprochaient d'être une animatrice *people* incapable d'interviewer des politiques… A-t-elle été agacée par le lancement de ma chaîne YouTube ? Nos deux émissions n'ont pourtant rien à voir, puisqu'elle tentait de montrer l'aspect privé des hommes politiques alors que je lançais une immersion politique avec eux pendant la campagne présidentielle… Comme quoi une femme peut aussi incarner la misogynie et pratiquer ce qui s'apparente pour moi à du racisme social. Pourquoi suis-je plus bête qu'elle ? Dans la vie, personne n'est au-dessus de personne. Une influenceuse qui ose se penser capable de parler politique, pire, de la vulgariser ! Ce mélange des genres les dérange d'autant plus profondément que je suis une femme, je crois. En effet, ils n'ont pas la même attitude méprisante vis-à-vis de youtubeurs comme HugoDécrypte ou Guillaume Pley. Quand ils ont lancé leurs émissions politiques, eux n'ont bizarrement pas enduré les mêmes critiques que moi… Pourtant, ils n'ont pas plus de raisons de s'attaquer à ce sujet que moi. Ils en ont envie, et cela suffit, et c'est très bien ainsi. Mais ils ne déclenchent pas les commentaires acerbes, on ne dit pas d'eux qu'ils n'y connaissent rien ! Il est tellement plus facile de se moquer des femmes qui osent… Pour moi, être aussi méprisant envers une femme est le signe d'une vraie misogynie, émanant d'êtres totalement imbus d'eux-mêmes, et claquemurés dans leur suffisance.

Mes immersions déchaînent aussi, heureusement, une foultitude de commentaires élogieux sur les réseaux sociaux, mais aussi dans la presse. J'en suis la première surprise. Le quotidien *Libération* fait sa quatrième de couverture sur moi, *Le Figaro*, *Le Point*, *L'Obs*, *Marianne* et *Technikart* me tirent le portrait, BFM, Europe 1, France Info parlent de ma chaîne ou m'invitent… Pour la première fois je me vois propulsée brutalement dans les médias généralistes. Cela me touche, bien sûr… Et cela m'impressionne ! À tel point qu'à un moment, j'en suis presque effrayée : en effet, je ne connais pas bien le fonctionnement de ces médias. Je suis beaucoup plus familière de la presse people, des réseaux sociaux, des blogueurs… Mais au bout du compte, la presse écrite ou audiovisuelle se montre respectueuse, curieuse, et souvent chaleureuse avec moi. Alors, peu importe les attaques acerbes, je n'en ai cure. En revanche, je prête une oreille attentive à ceux qui m'offrent leurs critiques constructives et me donnent ainsi un avis éclairé. Une chaîne YouTube, c'est encore de l'influence. J'exerce donc mon métier, je vis sans me laisser perturber par le qu'en-dira-t-on, mais je sais prendre en compte les appréciations et même les critiques si elles me font avancer. D'aucuns me reprochent par exemple de ne pas apporter la contradiction aux hommes et femmes politiques que je suis. Mais ce n'est ni mon métier ni mon envie. Je suis là pour les faire parler, tenter de les comprendre, pas pour les juger. À chacun, ensuite, de se faire sa propre opinion. En toute connaissance de cause. Mon but est d'agir comme un levier citoyen, de donner une impulsion, afin que chacun puisse se faire sa propre opinion et décider, si cela l'intéresse, d'aller voir un peu plus loin. Je souhaite donner le goût du vote à ceux qui regardent mes vidéos. Et faire comprendre que, à l'heure où les Français s'insurgent très facilement contre les décisions politiques, à l'heure où les antivax ou bien les Gilets jaunes et autres convois pour la liberté cherchent à se faire entendre, celui qui vote a beaucoup plus de légitimité à descendre ensuite dans la rue.

Pour que l'acte de voter devienne tout à fait familier à tous ceux qui me suivent, je compte réaliser un tuto de vote : ainsi, chacun saura comment vérifier s'il est bien inscrit sur les listes électorales, et comment faire, sinon, pour s'y inscrire.

C'est un nouveau challenge et il me passionne. À quarante ans, je me plonge dans un univers inconnu. J'apprends. Or j'adore apprendre. Depuis l'enfance, j'entends parler d'extrême droite et d'extrême gauche sans savoir ce que cela signifie réellement. Aujourd'hui, après quelques immersions avec des candidats à l'élection présidentielle, j'ai le sentiment de mieux comprendre de quoi il s'agit. La barrière entre les hommes ou femmes politiques et le peuple ne me semble plus infranchissable. À quarante ans, je suis allée voter pour la seconde fois de ma vie. La première fois, j'accompagnais ma grand-mère, j'avais vingt et un ans, et j'ai voté comme elle sans me poser de questions. Cette fois, c'était mon choix, parce que j'ai, je crois, compris qui est qui et qui propose quoi. J'ai grandi et mûri. À quarante ans, il était temps, diront certains ! Oui, il était temps.

Nous avons tous le droit de choisir le destin de notre pays. Notre destin.

Épilogue

Certains disent de moi que je suis une énigme, d'autres une écervelée. D'autres, que je suis une femme d'influence. Je dirais que je suis avant tout une femme qui ose. Oui, je suis audacieuse, et je pense être courageuse. Non seulement le travail ne me fait pas peur, mais c'est tout simplement le seul moyen que j'ai trouvé pour ne pas m'ennuyer ! J'aime relever les défis, emprunter des chemins inconnus. Prendre des risques m'excite. Je sais que si je dégringole, je finirai bien par remonter la pente.

Ma vie professionnelle a toujours été faite d'opportunités et de découvertes. Lorsque je me suis lancée dans les réseaux sociaux il y a seulement six ans, je n'y connaissais absolument rien. Le monde de la téléréalité m'était également quasiment étranger. Et il ne m'avait jamais traversé l'esprit que je pourrais faire de la télévision lors de ma première chronique sur le plateau de *Touche pas à mon poste*.

Six ans plus tard, on m'appelle la « papesse de la téléréalité », « la reine des communicantes 2.0 », et les journalistes du *Monde* ou de *Vanity Fair* écrivent que je suis « une des cheffes d'entreprise les plus influentes de France ».

Le magazine *Forbes* me cite dans son classement annuel des « quarante femmes remarquables, talentueuses et inspirantes » qui ont marqué l'année 2021, et la même année j'arrive à la cinquième place (mais première des femmes) dans le classement des hommes et femmes d'affaires les plus recherchés sur Internet par les internautes de France (avec un total de 99 270 recherches mensuelles, le premier étant Bernard Arnault, patron de LVMH et troisième fortune mondiale avec 100 000 recherches).

Amusant, non ?

Je suis un être humain, qui comme tous les êtres humains aime, souffre, est alternativement heureux et malheureux, et qui ne cesse jamais de croire qu'il peut améliorer son sort. Qui n'a pas peur de tenter sa chance. Qui sait profiter de toutes les opportunités que la vie lui offre.

Je n'oublie jamais d'où je viens, ce que mes grands-parents m'ont appris, l'éducation qu'ils m'ont donnée, et je sais maintenant pourquoi je me retrouve souvent dans des situations extrêmes, qu'elles soient positives ou négatives.

Je le sais depuis une rencontre spirituelle qui m'a totalement bouleversée, à un moment où j'allais mal, où j'étais perdue, où je cherchais désespérément à me sortir de situations inextricables.

J'habitais encore à Juan-les-Pins, j'avais déjà ma petite Shauna, et j'étais enceinte de ma deuxième fille. J'avais de gros soucis professionnels, j'étais désorientée, dévorée par des questions sans réponse : pourquoi ma vie était-elle tellement faite de hauts et de bas ? Pourquoi ne pouvais-je pas mener une vie tranquille et sereine, simple, comme plein d'autres gens ? C'est à ce moment que je suis allée à la rencontre d'un *rav*, c'est-à-dire, dans la religion juive, un guide spirituel. Ce rav m'a fait comprendre que les aléas de ma vie, les montagnes russes auxquelles j'étais régulièrement soumise, n'étaient pas le fruit du hasard. Après m'avoir longuement écoutée et beaucoup questionnée sur ma famille, il m'a expliqué que l'un des ancêtres de mon grand-père Guy était lui-même un rav, un rabbin très réputé du nom d'Israël Livchitz. Et qu'il était un *tsadik*, c'est-à-dire un maître spirituel selon le vocabulaire hassidique (une des branches du judaïsme). Le tsadik, quoique considéré comme un saint, n'est pas récompensé par Dieu de son vivant. Mais il protège un descendant, à qui il offre une vie

« extraordinaire ». Ce descendant, m'a expliqué le rav qui me donnait toutes ces clés, c'est moi. Voilà pourquoi, m'a-t-il dit, je suis appelée à vivre des événements hors du commun, voilà pourquoi mon existence ne peut connaître de juste milieu, voilà pourquoi je passerai sans doute toute ma vie d'un extrême à l'autre, de la joie à la tristesse, de la pauvreté à la richesse… Selon le rav, tous ces revers ne sont que des obstacles disposés sur ma route afin de m'éprouver, et donc de me renforcer. Et ce rav, que je n'oublierai jamais, m'a aussi expliqué que, quoiqu'il arrive, je serai toujours sous la protection du tsadik, mon ancêtre. Il veille sur moi. Et, régulièrement, lorsque j'ai des doutes, lorsque je traverse des épreuves, je pense à lui.

Côté vie privée, je suis comblée, je vis et je travaille avec l'homme de ma vie, et oui, ces mots désuets ont pour moi un sens. Il est ma chance, mon roc. Mes trois magnifiques filles semblent heureuses, et ma principale préoccupation est de les mettre à l'abri financièrement.

Quant à mon avenir professionnel, j'ignore de quoi exactement il sera fait, et l'amplitude des possibles m'anime. Je sais que je ne vais pas m'arrêter là. Ma société Shauna Events est, depuis cinq ans, la première agence de candidats de téléréalité de France, et elle est en pleine ascension. Un nouveau challenge s'offre à moi, car le monde de l'influence évolue. La notoriété des personnalités sur les réseaux sociaux est essentielle, mais ne suffit plus. Elle doit s'accompagner d'une grande exigence dans la qualité des contenus mis en ligne. Shauna Events mise dorénavant sur des influenceurs issus de tous milieux, pas seulement de celui de la téléréalité. Des jeunes, ou moins jeunes qui, avant tout, ont des choses à dire. Car aujourd'hui, la qualité de l'influence n'est pas forcément liée à la quantité de followers, et les marques l'ont bien compris. Celui qui affiche 2 000 000 de followers mais ne donne rien de lui-même dans ses vidéos suscitera beaucoup moins leur intérêt que celui qui est suivi par 200 000 personnes à qui il propose de vrais contenus et avec lesquelles il a de vrais moments de partage. Qui a une forte personnalité et entretient une relation sincère avec sa communauté.

Je suis toujours une femme d'affaires, passionnée par le business. Mais avec la mission citoyenne que je me suis octroyée, avec mon immersion en politique, je retrouve la même excitation que lorsque j'ai créé mon agence. Un nouveau souffle. Un nouveau chapitre.

Après celui-là, il y en aura d'autres. La moralisation des réseaux sociaux est un immense chantier et l'une de mes priorités. Un jour, peut-être, verrons-nous vraiment naître un ministère des Réseaux sociaux.

Osez

Quoi qu'il arrive, avancer, évoluer, grandir : j'ose croire que, toute ma vie, ces pulsions me guideront.

Osez vivre, tout simplement !

Table

Cet ouvrage a été mis en page par IGS-CP
à L'Isle-d'Espagnac (16)

Imprimé en France par CPI
en septembre 2022

Dépôt légal : octobre 2022
N° d'édition : 439107-0
N° d'impression : 168296